Raus aus der Schulpflicht – mitten in Deutschland

Originalausgabe
Copyright 2018 by Autumnus Verlag, Berlin
Das Werk ist urheberrechtlich geschützt.
Kein Teil des Werkes darf in irgendeiner Form
(durch Photographie, Mikrofilm oder andere Verfahren)
ohne schriftliche Genehmigung des Verlages reproduziert
oder unter Verwendung elektronischer Systeme
verarbeitet, vervielfältigt oder verbreitet werden.
Covergestaltung: Haakon Auster
Printed in Europe
ISBN 978-3-944382-98-2
www.autumnus-verlag.de

Zum Buch:

Die Schule greift mit ihren grundsätzlichen Strukturen und Funktionsweisen, mit der Schulalltagsgestaltung und dem Miteinander von Schülern, Eltern und Lehrern in das Leben der Familien enorm ein. Ausgerechnet mit dem Versprechen, die Mütter zu entlasten, damit sie Beruf und Familie besser verbinden können, lösten sich in den Schulen die Selbstverständlichkeiten auf. Viele sind sich nicht im Klaren darüber, wer welche Aufgaben zu übernehmen hat – wer für schulischen Erfolg und pädagogisch sinnvolle Maßnahmen die Verantwortung trägt. Parallel zum Einzug von Schulpsychologie und dem Schwerpunkt „Soziale Kompetenz" kamen keine einer Institution wie der Schule angemessenen Schemata: Was ist das Ziel – ein ungestörter Schulablauf oder ein für sich sozial befähigter Schüler? Wer ist behandlungsbedürftig, welche Methoden sind geeignet, wie werden die Verbesserungen des Schülers bewertet? Schulzeugnisse und Schulübertritte haben sich zu riesigen Belastungen von Familien entwickelt. Das Ausweichen auf andere Schulen und Konzepte scheitert oft. Vor dem Monstrum Bildungspolitik muss die einzelne Familie scheitern, zumal Kinder schneller groß werden und Schaden nehmen, als sich politische Änderungen niederschlagen.

Was hilft? Gar keine Schule!

Dieses Buch erzählt davon, wie es sich mitten in Deutschland ohne Schule lebt. Es ist ein ehrlicher Bericht, ohne ideologische Scheuklappen, geboren nur aus der Notwendigkeit, die eigenen Kinder vor dem Schulsystem zu schützen und zu Bildungserfolg zu führen. Dazu liefert es viele Ratschläge und praktische Tipps Denn trotz aller Probleme will „Raus aus der Schulpflicht – mitten in Deutschland" ein Aufruf sein, es zu wagen, das Leben ohne Schule!

Zur Autorin:

Miriam Schneider, geboren 1972 in Frankfurt/Main, hat drei schulpflichtige Kinder in Deutschland großgezogen. Seit über 15 Jahren nimmt sie es mit dem Schulsystem auf, das durch die Schulpflicht auch in den Familien, die ihre Kinder anders als in Schulgebäuden lernen lassen, in seinen Zangen hat. Die Autorin muss also täglich Freiheit leben, die von außen nicht erwünscht ist. Darin immer wieder einen Gewinn zu sehen, gelingt ihr, wenn sie die Entwicklung ihrer Kinder betrachtet. Ihren Blick kann sie sowohl auf den langfristige Verlauf richten (ihre älteste Tochter ist zwanzig und studiert) als auch auf das normale Leben, das sie mit ihren zwei jüngeren Kindern (einem achtzehnjährigen Sohn und einer zwölfjährigen Tochter) führt. Zur Zeit nimmt sie eine mehrmonatige Deutschland-Auszeit in den USA und schreibt an ihrem nächsten Buch zum Thema.

Miriam Schneider

Raus aus der Schulpflicht – mitten in Deutschland
Meinungsbildung – Umsetzung – Alltag

Mit vielen nützlichen Tipps für Einsteiger

INHALT

Dieses Buch richtet sich an Eltern, die überlegen, ihre schulpflichtigen Kinder aus der Schule zu nehmen. Ausgangspunkt ist, dass die Familien sich auf ein völlig neues Gebiet begeben und nach offenen Worten, worauf sie sich einlassen, suchen. In den meisten Büchern zum Thema herrscht ein kämpferischer, grundweg positiver Ton bezüglich Homeschooling. Auch ich möchte hier zwar meine Begeisterung für das Freilernen bekunden, aber den Lesern zugleich das Abwägen ermöglichen. Nach jahrelangen Erfahrungen weiß ich, dass diese schwierige Entscheidung nach sorgfältigem Auflisten von Pro und Contra leichter fällt.

Wer die Entwicklung weg von der Schulpflicht durchmacht, erlebt sich selber beim stürmischen Umdenken. Das Internet trägt nicht zur inneren Ordnung bei, wenn man ganz zu Beginn Schlagworte eingibt. Da kommen einige Fälle zur Verfolgung von Homeschooling, da kommt „Radical Unschooling", dem Ansatz, die Kinder gar nicht zu unterrichten, sondern sie alles selber entdecken zu lassen, da kommt einiges zu den Stichworten „Natürlich lernen" und „Freilernen". Dahinter stecken spannende Fragen – nur stehen sie vor der Entscheidung noch nicht im Vordergrund. Hier werden hingegen die Einsteiger angesprochen. „Raus aus der Schulpflicht – mitten in Deutschland" ist auf der Basis meines eigenen Weges und unzähliger Gespräche mit anderen Freilernern, um andere Positionen und Erlebnisse einbeziehen zu können, entstanden.

Ich habe versucht, einige grundsätzliche Fragen zu erörtern und viele praktische Tipps, die im Alltag getestet wurden, zu geben. Die Adressen im Anhang sind sehr ausgewählt; ihnen liegen Erfahrungswerte zugrunde.

Kapitel 1
DER NEUE MENSCH, DIE NEUE FAMILIE
IN DER DEBATTE: DAS KINDESWOHL
PRAKTISCHE TIPPS: TREFFEN MIT FREILERNERN

Als die Bildungspolitik vor fast zwanzig Jahren in den Fokus aller politischen Parteien rückte, war die Idee des optimal auf den Markt zugeschnittenen und früh dem Arbeitsleben zur Verfügung stehenden Menschen das Leitbild. Auf dem europäischen politischen Plateau wurden Standards, Messwerte und dann Angleichungen beschlossen, die der europäischen Wirtschaft entgegenkommen sollten. Die Umsetzung gelang durch Bildungsveränderungen von oben wie dem beschlossenen „Bologna"-Prozess, der die Universitäten in Europa in Studienverläufen und Abschlüssen einander anpassen sollte, und durch Unmengen an Vergleichsstudien wie „Pisa". Es floss viel Geld in Bildungsforschung und der daraus entstehenden Bildungsbürokratie, deren Existenzgrundlage es war, die Dringlichkeit von Veränderungen zu untermauern.

Man wendete den Blick von Deutschland aus in andere Länder und begann, deren Modelle zu loben, um in Deutschland etwas zu bewegen. Für das Kleinkindalter wurden die französischen Frauen als Vorbilder für die Vereinbarkeit von Familie und Beruf ausgewählt, für die Grundschulzeit die Finnen und ihre Sprachfertigkeiten als Pisa-Sieger. Das klang zunächst gut, leider aber ist es nicht mal ein Geheimnis, das in Finnland außerhalb der Städte viele kaum Englisch beherrschen. Und Bekanntschaften mit französischen Familien haben reichlich Deutsche und wissen um deren sprichwörtliche Überbelastung in einem erstarrten gesellschaftlichen System, in dem eine stillende Mutter in der Öffentlichkeit einen Spießrutenlauf zu befürchten hat.

Weil die Form des Selbstbewusstseins, das Mütter heute haben, ihnen nicht diktiert werden kann, weil der Alltag mit Kindern anders ist, als es sich in Grundsatzpapieren liest, weil immer weniger Mütter den Traum vom funktionierenden, nach Normen anderer gleichgeschalteten Kind haben: Darum kamen Zweifel an den angebotenen Konzepten auf. Die Betreuungsinstitutionen stehen zwischen politischen Maßgaben wie Lernzeitverkürzung und Lehrplanoptimierung und den deutlich formulierten Wünschen der Eltern. Gegen die Schulpolitik ist das Aufbegehren schwierig, bezüglich der Eltern nutzt man das Kind als Spielball. Der Einzug von Sozialpädagogen und Psychologen flankiert das In-Schach-Halten von Eltern, die ihrerseits versuchen, die Regeln ihres Berufslebens in die Schulen zu tragen.

Da man sich daran gewöhnt hat, in vieles, was in der eigenen Schulzeit nichts gekostet hatte, Geld hineinzupumpen, fingen Eltern an, moderne Privatschulen zu suchen. Die Auswahl ist mittlerweile groß genug, wenn die monatlichen Kosten nicht die Hauptrolle spielen.

Dort treffen entgegen landläufiger Meinungen Kinder unterschiedlicher Schichten zusammen, deren Eltern eint, dass sie ihre Kinder nicht zu Bildungsabsteigern machen lassen möchten. Deren Teilhabe am späteren Wirtschaftsleben soll kein Stein in den Weg gelegt werden. Ähnlich nah am ökonomischen System sind auch die Eltern, die – meist wie zu ihrer Zeit – unverdrossen nach der teils hart erkämpften Gymnasialempfehlung ihre Kinder auf die alten Gymnasien schicken. Die heißen noch immer nach deutschen Kaisern oder dem Dom gegenüber, und darin, so die Hoffnung wird noch immer nicht nur kurzlebiges Computerwissen, sondern auch Latein gelernt. Das hat zwar keinen direkten praktischen Sinn, sichert aber später den Stallgeruch, um in die akademischen Berufe gehen zu können. Wie es schon immer war! Doch auch hier entpuppt sich für viele die letzte Bastion als längst erobert, denn die Probleme der Gegenwart werfen ihre langen Schatten. Lehrer initiieren digitale Communitys für ihre Klassen, damit die Kommunikation besser läuft, und Mütter sitzen bibbernd zuhause, ob ihr Kind nun auch von den Mitschülern in die Gruppe eingeladen wird. Und das eine Kind pro Klasse ohne passendes Gerät? Von Anfang an sind die Wurzeln für Mobbing gelegt. Vielleicht war es gerade in solchen Gymnasien nie anders, aber die Kommunikationsmittel ermöglichen die Zusammenrottung. Hilflos dazwischen: Die Kinder, die sich innerlich frei entwickeln sollen. Auch der konservative Rückzug, so das Ergebnis, ist nicht mehr möglich.

Für die meisten war das ohnehin keine Option. Sie wählten die ganz normalen Schulen – und mussten dort erleben, dass die von allen politischen Akteuren ausgerufenen Reformen ihre zu Reformierenden auffraßen. Oft funktionieren die Kinder jedoch nicht in der Form wie von der Bildungsrevolution erwünscht. Das Heilmittel gegen diesen Betriebsfehler gibt es leider nicht, so dass es manchmal sogar zum Einsatz pharmazeutischer Mittel kommt, um den furchtbaren Satz in Bezug auf Kinder zum Diktum unserer Zeit werden zu lassen: „Was nicht passt, wird passend gemacht." Medikamentennamen wie Ritalin sind damit untrennbar verbunden und stehen für einen besonderen Irrweg der Zeitgeschichte, die in einigen Jahren oder Jahrzehnten sicher Kopfschütteln hervorrufen werden wie die Zustände in Waisenhäusern des 19. Jahrhunderts.

Für Familien auf der Suche enden alle Einblicke in die Schulrealität mit dem erst bitteren, dann ganz nüchternen Ergebnis: „Unsere Familie eignet sich nicht für die Schule."

Es folgt das Logische, das niemand sich nehmen lässt: Man beginnt auszuweichen. Die Waldorfschulen, die seit Bestehen der Bundesrepublik durch die Kraft ideologischer Überzeugungen ihre Daseinsberechtigung begründet hatten, haben Zulauf von allen Seiten erhalten. Neue, von Engagierten gegründeten Schulen mit pädagogischen Konzepten, die die eigene, selbstständige Beschäftigung der Kinder propagieren, entstanden aller Orten, so sie von den Kultusministerien genehmigt wurden. Dazu mussten lange, juristisch sattelfeste und sehr teure Gutachten vorgelegt werden; bei Erfolg schlossen sich einige Jahre des Zitterns an, dass die Genehmigungen wieder zurückgezogen werden könnten, und wenn die Hürde genommen war, kam man in den Genuss staatlicher Mittel. Der große Einsatz hatte sich gelohnt, und die meisten möchten sich nicht um ihn bringen lassen, wenn sich die finanzielle Lage stabilisiert hat. Daher passt man sich an, um die Schulbürokraten, die immer skeptisch bleiben, keine Argumente für Schließungen zu geben. „Zu alternativ" dürfen die Eltern nun auch nicht mehr sein, und alle müssen sich vor allem an das Mantra der deutschen Schulpflicht halten: An die Schulgebäudeaufenthaltspflicht.

***

IN DER DEBATTE: DAS KINDESWOHL

Deutschland sieht sich seit Jahrzehnten nicht imstande, die Begriffe Freiheit und Demokratie wieder mit Inhalten zu füllen. Sie sind Worthülsen und Schlagworte, herausgeholt für Wahlkämpfe und Reden, in denen man nicht in die Tiefe gehen möchte. Obwohl eines der reichsten Länder der Welt, gibt es in Deutschland kaum Zirkel, die komplexe Debatten zu kulturellen Werten anstoßen können und möchten. Was bedeutet es, Freiheit und Demokratie als Leitbild einer Gesellschaft zu haben - im Verhältnis der Bürger untereinander und im Verhältnis des Staates zu seinen Bürgern?

In sensiblen Lebensphasen, in Schwächephasen, in denen man für Angriffe anfällig ist, spürt man diese undefinierten Lücken besonders. Wer Mutter wird, dem steht laut Grundgesetz der Schutz und Fürsorge der Gemeinschaft zu (Grundgesetz, Artikel 6). Doch viele Mütter erleben das Gegenteil; es gibt überhaupt kein Bewusstsein mehr für den tiefen Sinn dieses Artikels. Junge Mütter erleben, wie sie nicht länger Teil der Single-Gesellschaft sind, in der jeder einzelne privat machen kann, was er will. Der Schutz der Gemeinschaft ist ein Eingrenzen persönlichster Entscheidungen. Wer je eine Bewertung durch das Jugendamt erhalten hat, weiß davon manches zu erzählen. Es klingt für uns normal: Bis zur Bewertung, wie man seine Wohnung einteilt und einrichtet, gehen diese gesellschaftlich eben nie überprüften Kriterien. Nur Eltern müssen dies im Kopf haben, für alle anderen undenkbar! Doch es muss ja nicht gleich die Wohnung, die privateste Sphäre sein und auch nicht gleich das Jugendamt – es fängt viel früher an. Die soziale Kontrolle, die kaum jemand in Deutschland in Hinblick auf freiheitliche und demokratische Offenheit debattiert, erleben Mütter durch Kindertagesstätten und dann, beim fünf- bis sechsjährigen Kind, mit geballter Autorität durch die Schulen. Lehrer taxieren Eltern, schätzen sie ein, und unter der global einzusetzenden Formel nach der Forderung des Kindeswohls wird gewertet, was nicht gewertet gehört. Um die historisch gesehen erste Generation selbstbewusster und gebildeter Mütter in Schach halten zu können, wird ihre Reaktion darauf, dass Sorgfalt und Behütung für sie zentral sind, klischeehaft diffamiert. An plakativen Abwertungen mangelt es nicht. Was einst „Rabenmütter" und „Schlüsselkinder" waren, sind heute „Tigermütter" und „Helikoptereltern". Die Verunglimpfungen verhindern ein austarierendes Miteinander der mit den Kindern betrauten Menschen.

Absurderweise stellen sich diejenigen, die sich berufen fühlen, sich zu Bildung und Bildungspolitik äußern, generell auf die Seite des staatlichen Apparates und nicht auf die Seite derer, denen der Apparat an sich zu dienen hat. Das sollte die Gemeinschaft, die Gesellschaft sein, und deren Gegner sind eben nicht mitdenkende, handelnde Eltern – die sind vielmehr lebendiger Teil der Gemeinschaft. Doch weil das nie definiert wurde, sehen sich Eltern mit ihren Wünschen allein gelassen. Noch schlimmer: Das Kind, das sie zu beschützen haben, wird als Druckmittel eingesetzt. Bewegt sich die elterliche Idee von Bildung nicht im staatlich diktierten Rahmen, setzt der Staat auf Drohpotential. Die Angst, dass man das Sorgerecht entzogen bekommen könnte, schwingt gerade in unsicherer Lage bei manchen Eltern mit. Die Willkür der Behörden, so die Befürchtung, könnte geordnete Abläufe mit Fristen und schriftlichen Reaktionen auf Schulpflichtverletzungen außer Kraft setzen.

Allein, dass freie Bürger, freie Familien dies bedenken müssen, ist ein Hinweis, wie dringend und wie unablässig das Verhältnis von Staat und Bürger debattiert werden muss.

Da Freilerner, für die jedes Lebensjahr ihres Kindes zählt, nicht warten können, besteht auch in der diskursiven Lücke Handlungsbedarf. Sie sind ein Teil des Landes, ob der Staat dies möchte oder nicht, und der Staat kann sich die persönlichen Entscheidungen seiner Bürger nicht aussuchen. Wer niemandem schadet, wer die Rechte anderer nicht verletzt, kann Rechte für sich reklamieren. Natürlich darf man sich selbstbewusst als Hort des Kindeswohls hinstellen. Es sind diese Eltern und diese Kinder, mit denen sich Staat machen lässt.

***

PRAKTISCHE TIPPS: TREFFEN MIT FREILERNERN

Es gibt in jedem Bundesland organisierte Treffen von Freilernern. Gerade „alte Hasen" haben schon viel erlebt, viele Anzeigen kassiert, und sie sind oft Initiatoren der Treffen. Insofern wird auf dezente Orte Wert gelegt, und manches wirkt ab und zu sehr konspirativ. Darüber darf man schon lachen, aber der Austausch mit anderen ist ergiebig – so unterschiedlich der individuelle Weg auch sein mag, manches an Erfahrungen ähnelt sich.

Vor allem aber nutzen die Treffen den Kindern und Jugendlichen, die Gleichaltrige kennenlernen können. Es gibt mehrere Möglichkeiten, von den Terminen zu erfahren. Klicken Sie sich durch die Webseiten von schulfrei-community.de und bvnl.de (Bundesverband Natürlich Lernen e.V.). Es sind dort auch viele Treffen außerhalb Deutschlands aufgelistet, auf denen sich Jugendliche aus anderen Ländern tummeln, die erlaubt, öffentlich und seit Jahren Homeschooler sind.

Kapitel 2
Schulgebäudeanwesenheitspflicht
Problemfeld: Fundamentalisten
unter Homeschoolern
Praktische Tipps: Welches Bundesland?

In einer Welt, in der die Lernangebote immer vielfältiger geworden sind - nur ein Beispiel: Deutschlands Museen haben seit Jahren ein vorbildliches pädagogisches Programm für Kinder aufgebaut -, ist es ein nicht mehr begründbares Relikt, warum jedes Kind jeden Tag in einem Schulgebäude verbringen sollte. In der Bundesrepublik wird Schulpflicht in der Praxis so umgesetzt, dass die Kinder ihre Schulzeit in von der Schule zur Verfügung gestellten und ihnen unterstellten Räumlichkeiten zu verbringen habe. Was dort als Bildung vermittelt wird, ist erstmal nachrangig. Als flächendeckend Nachmittagsunterricht eingerichtet wurde, kam es nie zu der Debatte, wie die Schule die Schulpflicht zeitlich ausdehnen darf. Es gab einige, die nicht akzeptieren wollten, auch nachmittags der Schulpflicht nachkommen zu müssen. Doch vor Gericht scheiterten sie. Die Schule legt fest, wann und wie lange man in ihrem Gebäude festgehalten werden darf.

Die Löchrigkeit der Mauern ist dennoch seit Jahren

unübersehbar, und tatsächlich muss Schritt für Schritt die Bastion aufgegeben werden. Das fängt schon beim Zustand der Schulen an. Für viele junge Eltern, die die Tristesse der öffentlichen Räume nicht mehr als Kinder kennen, ist der Anblick von öden Schulfluren und selten modernisierten Toiletten inakzeptabel. Er steht in unglaublichem Widerspruch zu den neueren pädagogischen Konzepten, in denen Kinder nicht geradeaus nach vorn blickend im Frontalunterricht Wissen eingebläut werden soll. Zum farbigen und entstaubten Unterricht will die Mehrheit der Schulgebäude für viele Eltern nicht mehr passen.

Eine große Anzahl von Schulkindern hat zuvor Kindertagesstätten und Kindergärten besucht. Deren Ausstattung ist meist freundlich auf die ablenkende Beschäftigung gerichtet. In den Schulen, zumal den Ganztagsschulen, sind Entspannungsphasen für Kinder wichtig, weswegen Ecken mit Sitzkissen sogar in die Klassenzimmer Einzug hielten. Es wäre unmenschlich, Kindern keine Pausen zu gönnen, und deshalb ist eine Unterbrechung des langen Schulalltags unbedingt nötig. Doch auch hier wurden keine Debatten geführt, und so haben wir es mit oft völlig falsch angegangenen Unterrichtsmodellen zu tun. Plötzlich verloren alle aus dem Auge, was die Kinder nun eigentlich in der Schule sollten. Lernen? Sicher! Dafür bewertet werden? Natürlich! Aber wie bewertet man Kinder, die den ganzen Tag mit anderen Kindern verbringen und es unübersehbar für Lehrkräfte ist, dass manche damit sehr gut, andere gar nicht zurechtkommen? Man benotet sie dafür!

Begründen ließe sich dies gut. Kinder sollen auf ein Berufsleben vorbereitet werden. Da spielt nicht nur Fachwissen eine Rolle für den Aufstieg, auch soziale Kompetenzen sind wichtig. Als diese Erkenntnisse vor zwei Jahrzehnten in die Kinderzimmer strömten, gab es daran nur wenig Zweifel. Unterdessen aber haben sich Eltern Gedanken gemacht, haben gesehen, wie das Arbeitsleben – von den verbeamteten Schulbürokraten nur erahnt - wirklich ist, was es wirklich verlangt. Mit zunehmender Selbstsicherheit der erziehenden Eltern kehrten auch Überlegungen darüber, was Lebensqualität bedeuten könnte, zurück –fit für den Arbeitsmarkt, funktionierend für den Staat: So lassen sich Bildungsziele nicht formulieren.

Die Ideologie der Schulgebäudeaufenthaltspflicht nimmt auf all dies leider keine Rücksicht. Selbst die digitale Revolution führt zu keimen Umdenken. Kinder sind längst nicht mehr gänzlich auf dem Pausenhof oder im Klassenzimmer anwesend; sie halten – früher undenkbar - über ihre Geräte mit Freunden und Eltern außerhalb der Schulmauern Kontakt, können flüchten vor der Allmacht des Schulgrundstückes. Aber Rechte dazu sind nie formuliert worden; das innere Spannungsfeld für Kinder ist kaum verkraftbar. Es ist nie definiert worden, welches Verhalten gegenüber Kommunikationsmitteln erwünscht ist; Lehrer können Geräte einziehen und zurückgeben, wann sie möchten, sie können deren

Nutzung für organisatorische Zwecke fördern oder bei Klassenarbeiten als Schummeln verteufeln. Was für Erwachsene logisch ist, ist für Kinder Willkür.

Das Schulgebäude – es überzeugt nicht mehr als verpflichtender Lernort.

***

PROBLEMFELD: FUNDAMENTALISTEN UNTER HOMESCHOOLERN

Nicht nur in Deutschland, auch in vielen Ländern, in denen das Lernen zuhause legal ist, sind unter den Homeschoolern viele, die aus religiösen Gründen ihre Kinder nicht dem Einfluss der Schule und dem der Mitschüler aussetzen wollen. Aus ihrer Sicht ist er schädlich. Leider richtet sich der Fokus der Öffentlichkeit auf diese Gruppe. Sie ist in der Minderheit allerdings eine Minderheit, dient aber gut zum Aufreger. In manchen Staaten ist die Haltung ihnen gegenüber konträr zu Deutschland; genau für sie und ihre Wünsche gibt es die Möglichkeit, die Kinder nicht in Schulen zu schicken.

In Deutschland hingegen werden sie als Gefahr für das Gemeinwesen und als Gefahr für ihre Kinder gesehen. Das liegt auch an der speziellen und engen Beziehung, die Staat und Kirche miteinander haben; niemals würden die christlichen Kirchen in Deutschland ihre schützende Hand auf diese oft radikalen Christen legen. Zudem sind auch den Kirchenleuten deren oft absurd wirkende Erziehungsmethoden suspekt. Grundsätzlich sollten jenseits von Sensationslust Einzelfälle aber nicht bestimmend für den Gesamteindruck sein. Innerhalb der Freilerner-Szene in Deutschland sind die radikalen Christen im Hintergrund und sorgen, wenn von ihnen zu hören ist, für Kopfschütteln. Gerade in der bunten Vielfalt der Anhänger von Bildungsoffenheit sind ihre moralischen Vorgaben besonders unpassend. Doch die Fundamentalisten unter den Homeschoolern sind besonders zäh und kämpferisch, da sie von strengen Überzeugungen getragen werden, die ihnen enorme Kräfte durchzuhalten verleiht. Insofern ist es kein Zufall, dass mit ihnen das Thema in der öffentlichen Meinung verbunden wird – wenn auch angesichts der wahren Struktur der Freilerner-Gruppierungen völlig ungerechtfertigt. Erst, wenn auch in der öffentlichen Wahrnehmung das Lernen außerhalb der Schulgebäude in der Mitte der Gesellschaft angekommen ist, werden die Hardliner passend gewichtet werden.

✳✳✳

PRAKTISCHE TIPPS: WELCHES BUNDESLAND?

Das Kooperationsverbot zwischen Bundesländern und dem Bund ist einer der Grundpfeiler der Demokratie bundesrepublikanischen Gepräges. Je dezentraler, desto weniger verführbar ist das System für undemokratische Irrwege – gelernt aus der deutschen Geschichte. In der Praxis führt das zu mühseliger Reformunfähigkeit, zu unüberwindlichen Hürden beim Anschieben neuer Leitlinien. Kontroversen darüber wären erwünscht, müssten stattfinden; leider verhindert die Form, wie das Kooperationsverbot politisch abgehandelt wird, jegliches Abwägen. Starke Unterschiede zwischen den Bundesländern gibt es auch für Freilerner. Bezüglich der gesetzlichen Schulpflicht sind alle einig – es herrscht ausnahmslos Schulpflicht. Im Umgang mit Homeschoolern unterscheiden sich weniger Bundesländer als einzige Schulen und Schulämter. Manche sind kulant, manche verbeißen sich. Der Kampf gegen die Schulpflicht vor Gericht gestaltet sich nicht nach Bundesländern gestaffelt, sondern nach den jeweiligen Amtsrichtern. Doch auch vor Gericht schaffen es manche, das Begehren des Staates abzuwehren und die Kinder zuhause unterrichten zu dürfen. Wieder andere kommen unerkannt durch, bis die Schulpflicht nur noch eine dunkle Erinnerung in der Bildungsbiographie des Kindes ist. Bundesländer, in denen das besonders gut gelingt, lassen sich ebenfalls nicht pauschal nennen.

Aber der Umgang mit den kurz an der Oberfläche „auftauchenden" Freilernern, etwa wenn befristete Schulbesuche oder Schulfremden-Prüfungen anstehen, erlaubt durchaus eine Einordnung nach Bundesländern. Generell lässt sich sagen: Je stärker das Interesse am Fördern eines bildungsnahen Bürgertums, desto vernünftiger die Herangehensweise in den Kultusministerien. Völlig unrepräsentativ, aber in der Realität getestet, wird das Ranking angeführt von Baden-Württemberg und gefolgt von Sachsen und Brandenburg. Besonders rückschrittlich sind Nordrhein-Westfalen und Hessen, von aggressiver Willkür wird aus Niedersachsen und Schleswig-Holstein berichtet. Gerade der Wettbewerb zwischen den Bundesländern sollte dazu führen, dass Freilerner selbstbewusst als Gewinn für das Bildungssystem die ihnen wohlgesonnenen Kultusministerien empfehlen. Wo sich das sofort und direkt auswirkt, ist in der Wirtschaft der Region. Wer sich dort umhört, weiß, wie bevorzugt Homeschooler Lehrverträge erhalten und nie enttäuschen. Ähnlich hoch ist der Erfolg an den Universitäten. Ich weiß von keinem einzigen Studienabbrecher aus Freilerner-Familien. Baden-Württemberg als toleranter Vorreiter profitiert davon sehr.

Kapitel 3
FAMILIEN – SO BUNT WIE DIE GESELLSCHAFT
PRAKTISCHE TIPPS: MELDEPFLICHT

Frauen werden seit jeher in ein Schema gepresst, sobald sie Mutter geworden sind. Daran arbeitet jede gesellschaftliche Gruppe mit –schon von daher muss man sich bemühen zu verstehen, warum so viele ihre Vorstellungen von der „guten Mutter" auch realisiert sehen möchten.

In einer Gemeinschaft, in der in der Gegenwart erbrachter und sichtbarer Mehrwert die Hauptrolle spielt, bleiben für Mütter nur Sonntagsreden übrig. Jahrzehntelang gab es zu jedem runden Geburtstag eine lobende Erwähnung im Familienkreis, im besseren Fall erbracht durch den Ehemann, der ernsthaft die Leistung sah und ihr Respekt zollte. Als Männer auf den Gedanken kamen, dass es noch andere Lebensinhalte gab, als Kinder großziehen zu lassen, geriet die Frage nach einer Mutter, die sich um die Kinder kümmerte, zur Frage nach einem Luxus. Notwendig – schon wegen des nicht auf Kindererziehung, sondern auf Arbeitseinkommen gestützten Rentensystems – waren Kinder nicht. Jahrzehnte später wandelte sich das Bild, die Mütter sollten Berufe haben und ebenfalls für Geld sorgen. Würden sie dieselben Karrierechancen wie Männer bekommen, wäre das auch ihre Befreiung aus einer wenig geachteten und abhängigen Existenz.

Nun ist das kein größeres Problem, wären Mütter eben nicht Mütter. Sie haben Kinder. Wohin mit ihnen? Das ist die eine Frage, die es zu beantworten gilt. So kostenneutral und erfolgreich, wie das von Müttern bisher übernommen wurde, geht es wohl kaum. Die andere Frage ist, dass Mütter gerade nicht die genormten Wesen sind, die sich die Allgemeinheit erwünscht. Sie sind genauso bunt wie der Rest der Gesellschaft, und die Angebote, die ihnen präsentiert werden, um die Kinder aushäusig betreuen zu lassen, sind grau und öde dagegen. Sie passen nicht.

Es kommt zu der paradox anmutenden Situation, dass die Mütter ihrer Befreiung nicht zustimmen mögen um den Preis des gesellschaftlich verordneten Korsetts. Manche wollen genauso individualistisch, eigensinnig, unabhängig sein wie Nicht-Mütter auch.

Selbstverständlich möchten Mütter auch ihre Kinder so aufwachsen sehen, wie sie es als das Beste erachten. So entstehen Familien! In einer Demokratie müsste dies kein Dorn im Auge der Politik sein; in Deutschland mit seinem heillos unmodernen Schulpflichtsystem ist es das aber leider. Hier wird gefragt: Was tun mit diesen Müttern und ihren Vorstellungen, wie ihre Kinder aufwachsen sollen? Und es wird geantwortet: Bürokratie, Ämter, Gesetzgebungen legen ihnen Ketten an, damit sie ihre Kinder in die Schulen geben.

Was, wenn sie es nicht tun? In Deutschland gehen einige hundert Kinder im schulpflichtigen Alter nicht zur Schule. Es werden immer mehr. Soll man sie alle in eine Schattenwelt zwingen? Wie lang soll das gut gehen?

***

PRAXISTIPP: MELDEPFLICHT

In Deutschland herrscht Meldepflicht. Wer sich nicht an seinem Wohnsitz meldet, erfüllt sie nicht. Die Meldepflicht macht vielen Freilernern Gedanken. Sobald gemeldet, wird man auch von allen anderen zuständigen Ämtern erfasst. Damit wendet sich auch das Schulamt an alle Familien mit schulpflichtigen Kindern. Das Meldegesetz wird ab und zu geändert, aber generell muss man sich an seinem Hauptwohnsitz als Einwohner erfassen lassen – Hauptwohnsitz heißt: Lebensmittelpunkt. Wo der Lebensmittelpunkt sich befindet, muss unter Umständen vor den Ämtern erklärt werden. Nehmen Sie sich Zeit zu überlegen - ohne schon in Kontakt zu Ämtern zu treten, am besten weit vorher -, wie sie als Familie schlüssige Angaben machen können.

Die Meldepflicht, die tendenziell ausgedehnt und bürokratisiert wird, ist für viele junge Leute, deren Leben sich an vielen Orten abspielt, ein nicht zu vermittelndes Relikt, ein Dinosaurier, der noch nicht ausgestorben ist, weil er künstlich am Leben gehalten wird. Hinzu kommt, dass die Meldepflicht der Realität des Wohnungsmarktes überhaupt nicht mehr entspricht.

Überbelegung -Studenten verbringen ganze Semester couchsurfend, Pendler quartieren sich dauerhaft bei Freunden ein- existiert neben Unterbelegung - man lässt Wohnungen leer stehen, weil man nie wieder eine entsprechende Wohnung finden würde: Doch von all dem will der Gesetzesgeber nichts wissen und erdenkt sich Regeln, die viel zu weit weg von den Bürgern sind. Die stehen nun da und müssen klug ausweichen – ein Dach über dem Kopf hat Vorrang vor den Vorstellungen der Behörden, und die Welt ist definitiv nicht so, wie ein Amtsformular sie widerspiegelt.

Das alles ist vollkommen eindeutig. Damit ist auch Ihre Situation eindeutig. Wenn Sie Ihr Kind melden, werden auch die Schulbehörden informiert. Wenn Sie es nicht melden, ist niemand zuständig; es könnte aber ein Verstoß gegen die Meldepflicht sein, wenn Ihr Wohnsitz tatsächlich am Ort ist.

Was tun? Es empfiehlt sich, zunächst ein theoretisches Konstrukt zu basteln, das man dann vielleicht oder so ähnlich Schritt für Schritt und über Jahre in die Realität umsetzen resp. der Realität anpassen kann. Häufiges Wechseln des Aufenthaltsortes in Deutschland ist bezüglich der Meldepflicht irrelevant, da vom Lebensmittelpunkt ausgegangen wird. Viele Freilerner sind Reisende; sie melden sich deswegen ab – nimmt man dafür Kinder aus der Schule, muss dies genehmigt werden, und das wird es wahrlich nicht immer. Sich reisend zu melden, ist keine Lösung (selbst wenn es stimmt, selbst wenn Sie dachten, Sie wären ein freier Mensch und Ihre Kinder auch, selbst wenn Sie mit

Kleinkindern im Erziehungsurlaub gereist sind). Eine reale Auslandsadresse, bei der man die Kinder im ärgsten Fall melden kann, wäre gut zu haben. Vielleicht können Sie da in Richtung Freunde, Familie, Bekannte denken. Gespräche mit anderen Freilerner-Familien geben oft weitere Impulse. Der echte Wegzug ins Ausland, den die meisten erst nach Jahren antreten, könnte von Ihnen einmal durchgespielt werden, mindestens als letzte verbleibende Lösung.

Die andere Variante wäre, Sie bleiben am deutschen Wohnort gemeldet. Dann kann Ihnen nur die Verletzung der Schulpflicht, nicht die der Meldepflicht, zur Last gelegt werden. Es beginnt früher oder später ein Kampf, wie ihn zahlreiche Familien in Deutschland geführt, meist verloren, manchmal aber auch unter großen Opfern gewonnen haben. Wie auch immer es bei Ihnen laufen wird - die Meldepflicht ist ein Dreh- und Angelpunkt bezüglich der Schulpflicht. Sie müssen sie immer in Ihre Überlegungen einbeziehen.

Kapitel 4

TÄGLICHES LEID
PRAKTISCHE TIPPS: WO KANN ICH RAT HOLEN?

Mit der Einschulung beginnt für viele Eltern eine Talfahrt. Zunächst muss man wegstecken, dass aus dem Heldenkind ein ganz normaler Schüler mit Schwächen wird. Wenn es nicht gelingt, in das Kind das verkannte Genie hineinzuprojizieren, wird das Bild, das man sich gemacht hat, empfindlich gestört.

Dann muss man zusehen, wie es in seinem Freundeskreis entweder der Mittelpunkt, der Außenseiter oder der Mitläufer ist. Es verbiegt sich soweit, dass die Familie, die Eltern zu peinlichen Gestalten werden, wenn die Freunde sie sehen. Vergleichen, konkurrieren, haben müssen, was andere haben – unangenehme Gefühle machen sich breit.

Mit der Schule kommt für viele Familien auch zum ersten Mal die Lüge ins Leben. Kinder hören ihren Eltern dabei zu, wie sie Unwahres erzählen, um Fehlzeiten oder Zu-spät-Kommen zu begründen.

Dazu ist innerhalb von Wochen der Leistungsdruck da. Bewertet wird nach allgemeinen Normen, von denen niemand weiß, wer oder was der Maßstab ist. Fachwissen ist seit Jahren hinter anderen, unklar begründeten Kompetenzen zurückgetreten. Die Kinder sind von Anfang an psychologischen Definitionen ausgesetzt – schulpsychologischen Definitionen, die letztlich der Funktionstüchtigkeit der Schulen dienen, nicht der Lebensfähigkeit der Kinder.

Neue Werte sind in die Schulpausen eingezogen. Petzen wird als Tugend gefeiert, verhöhnen ist normal, Opfer werden als Störenfriede empfunden und zu Tätern verdreht.

Die Freude am Lernen wird binnen kurzem erstickt. Sogar die Idee der Freude am Lernen wird der Lächerlichkeit preisgegeben.

Alles zusammen weckt Aggressionen, macht unzufrieden, lässt Freizeitausgleiche immer überdrehter und sinnloser werden; nach Monaten sitzt man zusammen und überlegt, wo eigentlich das Glück, das man gemeinsam hatte, geblieben ist.

Es klingt profan - aber es ist schwierig, den Grund für diesen Verlust sofort herauszufinden. Schule und Schulbesuch sind das Normale, gehören derart zur Tagesordnung, dass man nicht auf die Idee kommt, darauf zu verzichten. Es ist für viele zu Anfang auch ein Gedanke, der stark verunsichert und den sich zahlreiche spätere Freilerner-Familien erst langsam erlauben. Schule ist ja auch ein sozialer Ort, an dem Eltern sich gegenseitig kennenlernen, miteinander über die Kinder ins Gespräch kommen, sich engagieren und auch Spaß bei Festivitäten haben. Der Stolz auf die Kinder, deren Leistungen und deren „öffentliches" Auftreten, das sind ja gewohnte Formen des Aufwachsens, auf die man nicht leichthin verzichtet.

Und: Wenn die öffentliche Meinung an Millionen Eltern vorbeiredet, wenn der Begriff Bildung in aller Munde geführt und nie näher bestimmt wird, wenn andere Eltern, die noch mehr am Schulsystem leiden, keinen Zweifel an genau demselben erlauben, dann ist es nicht einfach, das Übel an der Wurzel zu packen.

Zur Schule gehen ist jedoch für die meisten eine Qual. Mütter und Väter müssen ihre Kinder dieser Qual aussetzen. Das fällt täglich schwer. Und auch grundsätzlich: Solange das Definieren gemeinsamer Werte, die in der Entwicklung der Kinder eine Rolle spielen sollen, Eltern und Lehrern nicht gelingt, werden immer mehr Eltern der Schule den Rücken kehren. Sie entwickeln ihre Wertvorstellungen selber weiter, dagegen helfen keine noch so aggressiven Drohgebärden der Staatsmacht. Angst davor muss niemand haben, denn sie bereichern das Land und verändern es, und zwar konstruktiv. Das nämlich ist auch das Stichwort, das bei den Familien, die sich nach langem Zögern zum Freilernen durchgerungen haben, das auslösende Moment war und ist: Wie können wir konstruktiv an unseren Alltag, an unser Familienleben gehen? Wie werden wir dieses Zerstörerische, Destruktive los? Liegt es an der Schule?

Ideen, Kreativität, Motivation, Lebensfreude – ohne Schule? Viele sagen: Nur ohne Schule.

Während Sie überlegen, ob es mit der Schulpflicht keine Lösung für die Probleme gibt, ist es gut, sich an diejenigen zu wenden, die viel Erfahrung mit dem Leben außerhalb der Schulpflicht haben.

Da auch ich dazu gehöre, mich aber gut an meine Anfänge erinnere – ein ehrliches Wort: Sie werden viele Tipps bekommen, viel davon unstrukturiert und chaotisch. In Ihrer Ratlosigkeit sind sie für Sie zunächst kaum zuzuordnen, besonders auch bei einigen zynisch klingenden Bemerkungen. Sie hören dann Geschichten von Eltern, die ihre Kinder nicht zur Schule geschickt haben, und trotzdem klingt es so, als ginge es nicht, sein Kind aus der Schule zu nehmen.

Dieser Sound kommt nur zustande, weil es in Deutschland keine politische Bewegung bei dem Thema gibt. „Es gibt keine Lösung!", war auch das, was ich von allen, mit denen ich sprach, hören musste. Genau genommen stimmt es - doch die, die mir das sagten, hatten so wenig Wahl wie ich. Es gibt für viele Dinge keinen maßgeschneiderten, rundum zu rechtfertigenden, vollkommen legalen und von der Mehrheit der Gesellschaft akzeptierten Weg. In vielen alltäglichen Bereichen unseres Lebens nehmen wir das hin. Das kann auch für einen solchen ungewöhnlichen Schritt gelten.

Konkrete Fragen beantworten die Organisatoren, die hinter den einschlägigen Webseiten stehen. Sie können sich für weiterführende Fragen meist auch an diejenigen wenden, die Workshops und Vorträge veranstalten. Dies geschieht – anders als bei Anwaltskosten- unentgeltlich.

Rechtliche Beratung, Vertretung und Verteidigung leisten auf die Thematik spezialisierte Rechtsanwälte, zum Beispiel Rechtsanwalt Dr. Andreas Vogt. Seit mehreren Jahren befasst er sich intensiv mit den juristischen Fallstricken bezüglich Schulpflichtverletzungen, berät sachlich in brenzligen Situationen und hat schon viele Homeschooler- und Freilerner-Familien vor Gericht vertreten. (Adressen siehe Anhang)

Kapitel 5
DIE ENTSCHEIDUNG IST GEFALLEN: DIE GROSSE UNSICHERHEIT
PRAKTISCHE TIPPS: DIE ERSTEN DREI SCHRITTE RAUS AUS DER SCHULE

Wenn in Abende langen Gesprächen die Entscheidung gereift ist, dass Sie Ihr Kind, Ihre Kinder aus der Schule nehmen oder gar nicht erst schicken wollen, kommt mit der Erleichterung, aus dem Dilemma herauszufinden, natürlich auch die große Unsicherheit und Angst. Als hätte man nicht Jahre mit Kindergarten-Kindern eine freiheitliche Familie gehabt! Genau darauf kann man nun aber bauen. Es gibt viele Traditionen, die als Eckpunkte für ein Leben ohne Fesseln dienen können.

Das Kind aufwachsen zu lassen, ohne dass es von irgendeiner Institution mitbetreut wird, verwirrt oft als erstes. Wer nicht gleich viel zu viel will, kann sich unterstützen lassen. Überforderung lässt sich bekämpfen. Es bietet sich zum Beispiel die amerikanische, in Deutschland nicht staatlich anerkannte Fernschule Clonlara an (siehe Anhang).

Wie man sich die Bildung des Kindes dann im einzelnen und konkret vorstellt, könnte man, um Struktur hineinzukriegen, zunächst in einer nach Schuljahren oder Lebensalter angelegten Liste zusammenfassen.

Ordnung bringt auch herein, wenn man sich genaue Vorstellungen davon macht, wem man was von seinem Beschluss erzählt. Dabei hilft es, sich eine fiktive Schullaufbahn auszudenken, eventuell sogar fiktive Schulen. Gespräche mit Schulbefürwortern richten nur Schaden an, wenn man noch etwas wacklig auf den Beinen, aber entschlossen ist. Und bissig verlangte Auskünfte, die die Privatsphäre betreffen, werden Ihnen ab und zu abverlangt werden; da hilft etwas Übung im Verteilen gezielter Fehlinformationen sehr. Für unverschämte Aufdringlichkeiten wird Ihr Sensus in den nächsten Jahren steigen. Das ist aus staatsbürgerlicher wie privater Sicht ein Gewinn. Mit konkreten und selbstbewusst vorgebrachten Sagen und Legenden über Ihre Kinder lässt sich ausgezeichnet dagegen vorgehen.

Unsicherheit in Alltagsdingen empfinden viele auch bei der Aussicht, das Kind permanent um sich zu haben. Tatsächlich spielt sich das schnell ein, aber ein kleines Konzept, wann wer was mit dem Kind unternimmt, hilft über die Anfangssorgen hinweg.

Damit sind bald wieder erste Strukturen in der Lebensführung zu erkennen. Wie sich alles entwickelt, weiß niemand, aber die kühne Idee, nicht zur Schule zu schicken, gewinnt an Attraktivität – sie ist umsetzbar!

Und sie ist nicht umkehrbar. Wenn Ihnen alle Tricks, die Unsicherheit zu überwinden, nicht helfen, können Sie sich damit beruhigen: Solange Ihr Kind schulpfli-

chtig ist, muss es –egal, mit welcher Vorgeschichte –
in einer Schule genommen werden. Und wenn es nicht
irgendeine Schule sein soll: Nicht wenige Freilerner-
Familien schauen sich beständig alternative Schulen an.
Allein schon wegen neuer pädagogischer Ansätze lohnt
es sich, und den Weg zurück bahnt es auch.

***

PRAKTISCHE HINWEISE:
DIE ERSTEN DREI SCHRITTE RAUS AUS DER SCHULE

Es empfiehlt sich natürlich, die Abmeldung aus der
Schule möglichst lange und gut durchdacht vorzunehm-
en. Am besten ist es, zum Schuljahresende im Sommer,
zwei Wochen vor Beginn der Sommerferien, die Schule
über einen anstehenden berufsbedingten Umzug zu informieren. Dabei sollten Sie im Gespräch mit Direkto-
rin, Sekretärin, Lehrern ihr Bedauern darüber äußern,
dass sie ihrem Kind diesen Wechsel zumuten müssen,
dass sie in der Hektik dieser Entwicklung keine großen
Abschiedsfeiern mehr veranstalten können und dass sie
sich gern mal melden, wenn sie mal wieder in der Stadt
sind.

Damit wird ihr Kind zum nächsten Schuljahr dort
nicht mehr erwartet. Am ersten Ferientag melden sie es
nun beim Einwohnermeldeamt ab; das geht auch per
Post. Die Formulare dafür kann man aus dem Internet
ausdrucken. Darauf gibt es einen Unterpunkt für die
neue Adresse – dieser muss nicht zwingend ausgefüllt

werden, da ja viele tatsächlich noch keine definitive neue Adresse haben. Sollten Sie Freunde im Ausland haben, deren Adresse Sie dort eintragen können, schadet es nicht; ansonsten genügt „Noch nicht bekannt" oder „Umzug nach Frankreich".

Wichtig ist, dass die Behörden eine Kontaktadresse für Sie in Deutschland haben; das sollte Ihren Namen und dann ein „c/o" mit Adresse enthalten: Es ist völlig unproblematisch, dort zum Beispiel Partner, Ehemann, Eltern, gute Freunde anzugeben. Was für Sie zunächst komisch aussieht, ist eine rein postalische Erreichbarkeit, die in Behörden einfach in den Computer eingegeben wird.

Nun ist ihr Kind von Schule und Wohnort abgemeldet. In diesen Sommerferien ist keine Behörde zuständig, und solange Sie bei keinem Amt auffallen, bleibt das auch so.

Leider sind allerdings die Auslöser für die Abwendung von der Schule oft nicht planbar. Da kann es stürmische Entwicklungen geben, und man schafft es nicht mehr, bis zu den Sommerferien durchzuhalten oder gar ruhig zu bleiben und den Lehrern einen geordneten Abgang vorzuspielen. Sollte es sich nicht vermeiden lassen, ihr Kind sofort aus der Schule zu nehmen, sollten Sie sich mit Krankschreibungen und einigen taktisch klug eingesetzten Schulbesuchen bis zum Schuljahresende – oder notfalls Schulhalbjahresende - und möglichst streitfrei durchschlagen. Wenn Sie ein rotes Tuch in der Schule sind, melden Sie Ihr Kind schriftlich und nicht mitten im Schuljahr ab.

Von der Schule abgemeldet, am Wohnsitz abgemeldet – das sind Schritt zwei und drei.

Der erste Schritt muss Sie in den ersten Monaten, bis sich alles eingependelt und -gespielt hat, begleiten: Sie dürfen mit kaum jemandem darüber sprechen, dass Ihr Kind von nun an zuhause bleibt. Blankes Unverständnis, aggressive Ablehnung und offenen Neid werden Sie im Laufe der Jahre erleben. Damit kann man erst umgehen, wenn sich die Situation stabilisiert hat.

Sie befinden sich nicht auf eindeutigem rechtlichem Terrain; Sie sind anfällig für Anzeigen. Sollte eine erfolgen, meldet sich das Jugendamt bei Ihnen. Vermeiden Sie dies! Erfahrungsgemäß kommen die meisten Anzeigen aus der Familie, gefolgt von Nachbarn und schließlich Bekannten. Diejenigen, die Sie anzeigen, begründen dies mit dem Kindeswohl. Erst später werden Sie merken, wie die Menschen in Ihrer Umgebung auf Ihre Entscheidung reagieren. Daher Schritt 1: Möglichst wenigen von der Schulabmeldung erzählen!

Kapitel 6
Wie soll man sein? Freilerner-Eltern:
Die Stellenausschreibung
In der Debatte: Gewaltenteilung
Praktische Tipps: Rechtliche Fragen

Wer federführend für das Freilernen in der Familie im täglichen Leben ist, der könnte ein paar Charaktereigenschaften haben, die förderlich sind. Und es gibt einige, die für das Freilernen ungünstig sind. Ich fürchte, ich habe die ungünstigen.

Darum ein paar Worte vorweg:

Wie Sie persönlich sind, ist im Moment der Entscheidung gegen den Schulbesuch vollkommen gleichgültig. Der Staat hat entgegen aller Verlautbarungen den Eltern nichts abgenommen, sie haben dieselben Bürden, wie Eltern sie immer haben. Für die Kinder gilt: „Man kann sich seine Eltern nicht aussuchen!", sie sind Schicksal. Wenn sie nun besonders interessiert am guten Aufwachsen ihrer Kinder sind - wie jeder, der dieses Buch zur Hand nimmt, es ist — dann ist das für die, um deren Wohl es geht, grundsätzlich einfach gut. Egal, welche Eigenschaften die Eltern sonst haben.

Für die Debatten im Bildungsbereich ist diese selbstverständliche Feststellung erstaunlicherweise nicht die

Basis. Die Forderung nach Gerechtigkeit, wie sie für eine intakte Gesellschaft verständlich ist, wird leider mit der Absurdität gespickt, die Ausgangsbedingungen sollten angeglichen werden. Wer sich dann der Kontrolle durch das System entzieht, gerät unter den Verdacht, eine gruselige Parallelgesellschaft sein zu wollen. Damit lenkt der deutsche Bildungsapparat von seiner Aufgabe ab – nämlich die Bildungsgerechtigkeit als Ziel zu definieren. Deutlich gesagt: Die Privilegierten brauchen die Segnungen nicht, alle Kraft und die größten Finanzmittel müssen in die Schwächeren fließen.

Die Weigerung, Bildungsfreiheit in einer Demokratie zu ermöglichen, kann nur als Missbrauch eines Machtmittels gedeutet werden. Dem bieten die Erziehungsberechtigten von Freilernern die Stirn.

Ob das beide Eltern oder Mütter oder Väter sind, spielt keine Rolle. Je mehr Unterstützung durch die Partner, desto besser; das ist klar. Aber es geht auch so! Alleinerziehende unter den Freilerner-Familien beweisen es tagtäglich. Unterm Strich: Freilernen geht immer.

Es gilt sogar:

Die Voraussetzungen: denkbar schlecht.

Die Ergebnisse: denkbar gut. So war es bei mir.

Einiges wird leichter, wenn derjenige, diejenige, die das Freilernen im Alltag unterstützt, von sich sagen kann, dass er geduldig ist, selber wissbegierig, vielfältig begabt. Zunächst motiviert zu sein und dann auch zäh, motivierend und die Stange haltend, wenn sich die anfängliche Begeisterung legt.

Durchhaltevermögen ist gut, ständige Selbstzweifel sind es nicht. Seinen eigenen Beruf, seinen eigenen Aufstieg im Fokus zu haben, wirft Probleme auf. Sich selber zurücknehmen zu können, auch bei Hobbys und Freundschaften, lockert die Situation auf.

Gut zuhören können, hilft, aber auch ein ausgeprägtes Interesse, Konflikte anzugehen, auszufechten, auszusprechen, gehört in die Liste „Schön, wenn Freilerner-Mütter so sind!" Denn Harmonie funktioniert oft und lange, aber wirklich nicht immer.

Man muss bereit sein, seine Lebensart und seine Werte immer wieder wackeln zu sehen. Bedingt durch die äußeren Bedingungen in Deutschland wird den eigenen Überzeugungen einiges abverlangt, und über die Jahre hin merkt man, dass es mit alternativen Ideen wie Waldspaziergängen, Lagerfeuer, Bioessen, Kleidernähen und Instrumentenbauen nicht getan ist. Die Familie verändert sich, die Funktionsweisen der meisten anderen Familien werden einem fremd. Durch das Wegfallen der äußeren Knebelung wie frühes Aufstehen und ins Bettgehen, Hektik durch von außen bestimmte Uhrzeiten, ständiges Bewerten von Kleidung und Aussehen durch Schulkameraden gerät man – Achtung: ein ganz wenig, aber eben ein wenig! - ins Abseits.

Die Freilerner-Familien sind in vielen Phasen des Aufwachsens der Kinder auf sich gestellt. Man will die Verantwortung, und dann hat man die Verantwortung. Und zwar die volle. Es gibt keine fremde Autorität von außen, an die man sie delegieren kann oder der man irgendetwas in die Schuhe schieben kann.

IN DER DEBATTE: GEWALTENTEILUNG

Die Gewaltenteilung ist eine Stütze der Demokratie, und sie gilt nicht nur bei Aufbau der oberen Organe des Staates, sondern reicht auch hinab bis zu dem, was Sie und Ihr schulpflichtiges Kind betrifft. Nicht immer ist es den Beamten, mit denen Sie zu tun haben, klar, aber sie dürfen nicht ohne ganz genaue Bestimmungen andere Institutionen einschalten. Gerade die Karrieristen in den Schulämtern, für die eine lahmgelegte Freilerner-Familie in der Liste der abgelieferten Leistungen attraktiv sein kann, neigen dazu, zwischen Schulen, Einwohnermeldeämtern, Jugendamt und Polizei frei wählen zu wollen, wer ihnen gerade nützt. Das ist völlig inakzeptabel, und in einer so stabilen und langlebigen Demokratie und auch für deren Erhalt kann man sich, sollte man sich dagegen deutlich wehren. Ich weiß, dass es für die meisten in Situationen, in denen der Staat übermächtig wirkt, besser ist sich zu ducken. Wenn man also nicht sofort Dienstaufsichtsbeschwerden an die Vorgesetzten derer, die ihre Kompetenzen überschreiten, senden will, kann man es sich aufsparen, wenn die Familie in sichereren Gewässern ist. Gut dokumentieren, viel Schriftliches, nach Gesprächen Notizen machen, eine Chronologie der Ereignisse mit den Zwischenschritten des Beamten erstellen. Deren berufliche Laufbahn wird empfindlich gestört werden, und das ist notwendig.

Aus dem Bestiarium der Freilerner-Gegner stammt der Irrtum, die Schulpflicht sei in Deutschland gesetzlich eindeutig verankert. Die Experten, die sich explizit mit den Schulgesetzen der Bundesländer beschäftigt haben, ziehen durchaus andere Schlüsse. Auch für Nicht-Juristen verständlich erläutert dies Margarete Gebhardt in „Schulpflicht, Rechtspraxis, Sozialpädiatrie: Oder: Warum es legal ist, zu Hause zu". Die Verfolgung von illegalen Homeschoolern unterscheidet sich nach Bundesländern; in manchen wird die Schulpflichtverletzung als Ordnungswidrigkeit, in anderen strafrechtlich verfolgt. In letzter Konsequenz greift der Staat zum Freiheitsentzug für die Eltern – davor stehen allerdings ausgiebige Gerichtsverhandlungen. Die Ahndung mit Bußgeldbescheiden, mit Zwangsgeld, bedroht die Familien in ihrer finanziellen Basis, wird aber oft mit Spendenaktionen aus der Szene abgefedert. Die unmittelbar größte Gefahr ist der Sorgerechtsentzug. Über ihn ranken einige Legenden, ist er doch die schlimmste Strafe, die Eltern sich denken können. In der Praxis können Eltern, die ihre Kinder aus Sicht des Rechtsstaates vernachlässigen, indem sie dem Nachwuchs den Schulbesuch verweigern, mit „partiellem Sorgerechtsentzug" konfrontiert werden. Das bedeutet, dass die Eltern während der täglichen Schulzeiten das Sorgerecht verlieren, dass ihnen ihr Recht, tagsüber den Aufenthaltsort für ihre Kinder zu bestimmen, aus den Händen genommen wird. Dagegen muss man vor Gericht angehen, am besten mit einem versierten Anwalt. Man erhält das Sorgerecht dann in vollem Umfang zurück - verkürzt gesagt, weil der Staat auch nicht weiß, wie das praktisch durchzusetzen ist. Viele Jugendämter behandeln diese Dinge mit Augenmaß, da Vernachlässigung nicht vorliegt.

All dem voraus eilt meist ein Strauß an anonymen Anzeigen. Meist weiß man zwar schnell, von wem die Anzeige stammt, aber die vorgebliche Anonymität lädt Wichtigtuer in vielen Lebensbereichen ein, anderen eins auszuwischen. Forderungen, an der Un-Kultur des Denunzierens in Deutschland etwas zu ändern – zum Beispiel die Denunzianten für unberechtigte Anzeigen zur Verantwortung ziehen zu können – verhallen derzeit ungehört, haben politisch jedoch eventuell als Thema Aufstiegschancen. Unabhängig von allen Überlegungen sollten Sie in jeder Situation, in der sie mit Jugendamt oder Polizei zu tun haben, unverzüglich einen Anwalt anrufen und dies auch sofort allen Beteiligten kundtun. Lassen Sie sich zu keinerlei Auskünften hinreißen, ohne sich rechtlich beraten zu lassen.

Kapitel 7

GELDVERDIENER IN DER FERNE

PROBLEMFELD: PARTNERSCHAFT

PRAKTISCHE TIPPS: KINDERGELD

Unter den Freilernern befinden sich überdurchschnittlich viele Freiberufler. Sie können, jedenfalls bisweilen, ihren Wochenablauf aufeinander abstimmen. Doch seit die Unzufriedenheit mit den Schulen die Mitte der Gesellschaft erreicht hat, kamen viele hinzu mit Berufen im Angestelltenverhältnis. Nicht repräsentativ, eher an denjenigen, die sich bei Treffen tummeln, orientiert, sind bei den Vätern viele Naturwissenschaftler, viele Ingenieure und viele Lehrer dabei. Wie auch immer, es stellt sich die Frage, wie man ein relativ normales Berufsleben mit dem Freilerner-Familienleben kombinieren kann.

Etwas Fingerspitzengefühl braucht man schon beim Gespräch in der Kantine. Die Kollegen sind auch liebende Väter, die sich in die Unausweichlichkeit der Schulprobleme gefügt haben. Das Thema Freilernen hat jedoch in den allermeisten Jobs nichts zu suchen, es ist Ihre Privatsache. Darum benötigen Sie eine genaue und konsistente Verdunkelungsstrategie, so wie Sie ja auch Ihren Kontostand oder die Krankheiten Ihrer

Eltern nicht blindwütig weitererzählen. Legen Sie sich mit Beginn des Freilernerstatus der Familie fest, was Sie von den Kindern aus der Schule erzählen. Weichen Sie konkreten Nachfragen aus und verheddern Sie sich in kleinteilige Details über fingierte ungerechte Mathenoten oder unbotmäßig hohen Stundenausfall. Hören Sie zu, übernehmen Sie die Standards und bemühen Sie sich, niemals überheblich zu wirken oder gar zu sagen: Wir tun uns das alles nicht an!

Das „echte" Leben dann ist für die berufstätigen Freilerner-Eltern meist hürdenreich. Über die Monate hin haben die meisten ein wirklich schönes, sich beruhigendes Familienleben. Jahrelange Spannungen sind weggewischt. Aber für den, der das Bild nach außen aufrecht halten muss, kommen neue Anstrengungen dazu.

Zu dem Versteckspiel von Nachbarn und Freunden, dass man seine Kinder angeblich morgens zur Schule fährt, kommt nach einigen Monaten, dass die Familie tatsächlich nicht einfach am Wohnort bleiben kann. Der, der geordnet das Geld für die Familie verdient, muss mit ungeordneten Abwesenheiten der Familie fertig werden. Ein Großteil der Freilernerfamilien muss den Hauptwohnsitz Deutschland früher oder später, offiziell oder inoffiziell, über kürzere oder längere Zeiträume verlassen. Zurück bleibt jemand, der zum Pendler wird. Die Wochenenden sind mit Anreisen zur Familie ausgebucht, mit ständigen Überlegungen, wie das Ganze funktionstüchtig zu halten ist, mit lauter zeitfressenden, wenig erholsamen Beschäftigungen.

Dieser Mühsal steht im Arbeitsalltag wenig entgegen. Phasenweise gibt einzig die Freiheit und unbelastete Fröhlichkeit der Kinder die Kraft dazu.

Die Geldverdiener der Freilerner-Familien sind ständig am Überlegen, Planen, Verändern, auf neue Situationen reagieren. Immer lebendig, manchmal abgekämpft.

***

PROBLEMFELD: PARTNERSCHAFT

Freilernen ist zu Beginn eine neue Form des Lernens für die Kinder. Mit der Zeit wird es zunehmend zu einer Form des Lebens, die Einfluss auf die ganze Familie nimmt. Je mehr Freiheit man hat, desto leichter geht das Freilernen von der Hand, Für diejenigen, die in einer Situation, in der die Familie Fesseln abwirft, schlicht weiterarbeiten muss, ergeben sich spezifische Schwierigkeiten. Ein Partner gewinnt an freier Tagesgestaltung, der andere verharrt in der beruflichen Zwangsjacke — alle müssen die Probleme des anderen neu verstehen wollen. Der Berufstätige sollte sich verdeutlichen, wie gut es den Kindern nun geht, und wie sinnvoll es ist, dafür das Geld zu verdienen. Ein anspruchsvolles Bildungs- und Freizeitprogramm kostet den die Kindern umkümmernden Elternteil viel Zeit und Nerven. Auch das kann die Partnerschaft belasten, denn das, was nach Hobby und Spaß klingt, ist mit großem organisatorischem Geschick und viel Aufwand verbunden. Pendler geraten schon, wenn sie nicht Freilerner sind, unter Druck wie sie Entfremdung in der Ehe vermeiden können. Freilerner müssen sich da noch mehr Gedanken machen, wie sie einander weiterhin nahe bleiben. Die Abhängigkeit vom Geldverdienen und vom Geldverdiener empfinden Freilerner zeitweise noch stärker als andere. Dennoch lehrt die Erfahrung, dass Freilerner-Familie nicht die Rolle rückwärts in konservative Muster machen, sondern im Gegenteil die ganze Familie an der gesamten Existenzsicherung innerlich beteiligt ist. Auf diese Säule lässt sich bauen, wenn die Beziehung auseinanderzudriften droht.

Ein besonderer Umstand ist die permanente Anwesenheit der Kinder. Mit dem Auflösen des normierten Alltags sind die Kinder oft noch präsenter. Auch Zweisamkeit muss neu gestaltet werden; Routine könnte — man sollte es sich vornehmen- frischem, bewusstem Zusammensein weichen.

***

PRAKTISCHER TIPP: KINDERGELD

Die Kindergeldzahlungen gehören zu den sagenumwobenen Geldgeschenken des Staates an die Eltern. Doch schon der Ruf des Kindergeldes, eine freundliche Sozialleistung zu sein, ist vollkommen verfehlt. Das Kindergeld gehört zum Steuerrecht. Es ist eine Rückzahlung der geleisteten Steuern, die der Staat unerlaubterweise auch auf das, was Kinder betrifft, erhebt.

Das ist ihm nicht erlaubt, darum ist das Kindergeld ein zu spätes und zu geringes Zurückgeben unrechtmäßig erlangten Geldes.

Eine weitere Legende lautet: Jeder bekommt es. Seit Jahren erlauben die Familienkassen, die das Kindergeld auszahlen, sich die Unsitte, Eltern ohne vorherige Benachrichtigung das Kindergeld zu streichen. Erst Wochen nach der Nicht-Zahlung werden Briefe an die Kindergeldberechtigten verschickt, um Unterlagen zur Überprüfung anzufordern. Selbst, wenn man schnellstens alles einreicht, dauert es nun Monate, bis die Bearbeitung erfolgt ist. Meist ca. acht bis zehn Monate später wird dann das Kindergeld bezahlt und nachgezahlt.

Das trifft viele Bürger. Der Aufhänger für die Streichung sind Bildungsnachweise für die Kinder. Da wir es in der Realität mit immer bunteren Bildungsbiographien und langen Orientierungspausen bei jungen Leuten zu tun haben, sind die Lücken groß. Das aber akzeptieren die Familienkassen nicht. Deshalb: Mit dem Freilernen selbst hat die Weigerung, das Kindergeld auszuzahlen, nichts zu tun. Es müssen Bildungsnachweise her. Für unter 16-Jährige allerdings nicht, da aufgrund der Schulpflicht der Schulbesuch angenommen wird! Für Kinder ab 16 Jahren empfiehlt es sich, Nachweise über Praktika einzureichen. Auch Bestätigungen von Fernschulen dienen dem Bildungsnachweis.

Für alle, die sich ins Ausland abgemeldet haben, ist die Familienkasse Bayern-Nord in Nürnberg zuständig. Sie streicht anlasslos zur Überprüfung des Anspruches. Diejenige, die den Kindergeldanspruch hat, muss sodann Formulare ausfüllen, die Zeilen für eine Auslandsadresse haben (es stellt keine Hürde da, den Ämtern als postalische Adresse eine deutsche Anschrift, gegebenenfalls auch mit c/o, zusätzlich mitzuteilen). Vor allem muss man angeben, dass man im Ausland keine Zahlungen für die Kinder erhält und nicht steuerpflichtig ist. Eben weil Kindergeld Steuerrecht ist, hängt alles am Steuerpflichtigen – wer in Deutschland versteuert, hat auch ein Recht auf deutsches Kindergeld.

Rechnen Sie damit, dass Ihnen eventuell gleich nach der Auslandsabmeldung das Kindergeld gestrichen wird. Das vorenthaltene Kindergeld wird nach Abschluss der Überprüfung auf einen Schlag überwiesen. Sollte es im Verlauf notwendig geworden sein, einen Anwalt zu bemühen, erstatten die Familienkassen auch dessen Kosten. Es richtet sich alles nach dem Einkommen im Inland.

Kapitel 8

ALLEIN SEIN, OHNE ALLEIN ZU SEIN

IN DER DEBATTE: DIE TRADITION DES WIDERSTANDS
PRAKTISCHE TIPPS: BERUFE MIT SCHWEIGEPFLICHT

Es gibt keine zuverlässigen Statistiken zu Freilernern in Deutschland. Es kann sie ja nicht geben, weil es keine Freilerner geben darf. Abzugrenzen sind sie von Schulverweigerern und Schulschwänzern, die mit oder ohne Wissen der Eltern aus Frust perspektivlos den Kopf in den Sand stecken. Dies sind meist ohnehin Jugendliche über 16 Jahren, die die Schulpflicht (in den meisten Bundesländern) hinter sich haben. Freilerner-Familien verstehen ihre Abwendung von der Schule anders, als eine Hinwendung zu Bildung und konstruktiver Lebensplanung.

Diese positive Grundhaltung hilft bei dem, dem man unweigerlich ausgesetzt wird: Dem Alleinsein. Die deutsche Bildungslandschaft verzichtet ja auf Modernisierung, auf den Anschluss an internationale Entwicklungen, auf die Avantgarde, die neue Lernprozesse ausprobiert – die Freilerner müssen im Verborgenen neue Wege beschreiten. Das gesellschaftliche Umfeld lässt enge, täglich gelebte Kooperationen von Familien nicht zu. Niemals können alle, die in Deutschland bleiben, das Versteckspiel ganz aufgeben.

Die Feinde - oft gerade Eltern, die unter dem Schulsystem leiden - sind schnell ausgemacht. Sie mögen in der Überzahl sein. Dennoch ist es erstaunlich, wie viele Sympathisanten es beim Thema Homeschooling gibt. Dass die Bewegung längst die Mitte der deutschen Gesellschaft erreicht hat, merkt man über die Jahre deutlich am steigenden Zuspruch aus den stabilen sozialen Milieus der Mittelschicht.

Mit Schwierigkeiten steht man gesellschaftlich gesehen allein da. Kein Coach, kein Psychologe ist mit den besonderen Umständen vertraut, mit denen Sie leben. Negativ wirkt sich die notwendige Heimlichtuerei auch auf Fehlentwicklungen aus, die sonst ehrlich thematisiert werden könnten. In der Homeschooler-Literatur werden – bedingt durch die Affinität der Autoren- spezifische Probleme nicht angesprochen. Man fürchtet in einer Kultur, in der Debatten dazu untersagt sind, nur weitere Totschlag-Argumente zu liefern. Da das Ziel aber differenzierte Argumentationen sind, fällt unter den Tisch, was ungemütlich klingt. Hierhin gehört ein gewisser Verfolgungswahn, den manche Eltern entwickeln. Sollte man Anzeichen bei sich bemerken, hilft der Kontakt zu anderen Freilerner-Eltern. Bei der Erörterung rennt man offene Türen ein - und bekämpft Komplikationen sofort.

Allein dazustehen, allein auch die ganze Verantwortung zu tragen, ist anfangs gewöhnungsbedürftig und mit der Zeit eine sehr reizvolle Herausforderung. Die

Kinder spüren und genießen den Schutz, den Freilerner-Familien bieten. Derart aufgewachsene junge Leute dazu befragt, geben unisono zur Antwort, dass ihnen der Aufbruch in die eigene Existenz offensichtlich viel leichter fällt als Gleichaltrigen, die ihre Eltern im Schulterschluss mit Lehrern nicht als „Schutzmacht" erlebt haben. Leider gibt es auch dazu keine Studien, aber es wäre spannend, die Bindungsforschung auf Nicht-Schüler auszudehnen. Die Schlagworte hierzu sind „Bildung durch Bindung".

***

IN DER DEBATTE: DIE TRADITION DES WIDERSTANDS

Die Bundesrepublik Deutschland sieht sich als Staat in der Tradition des Widerstandes. Die Wurzeln des demokratischen Deutschlands werden auch in den Kämpfern gegen die Nazi-Diktatur gesehen. Die meisten kennen die Leistung und den Mut und die Geschichten dieser Menschen, und sie sind die Leitbilder für das Deutschland, in dem wir heute leben.

Den Widerstand gegen den Staat als Teil des staatlichen Selbstverständnisses zu pflegen, ist bemerkenswert. Es ist eine eigentümliche kulturelle Leerstelle, wie wenig darüber nachgedacht wird. Der Staat feiert mit allen Insignien seiner Macht die Aufständischen. Für den Bürger ist dabei nicht relevant, dass der Staat eine totalitäre Nazi-Diktatur war, relevant als kulturelle Wurzel ist das Mitdenken und Wehren – unter den Maßgaben der Demokratie. Als Bürger daraus Handlungsmaximen abzuleiten, ist kein Angriff auf den Staat, sondern stabilisiert ihn.

Damit lösen auch Freilerner das Paradox auf, dass der Staat Gegnerschaft als Basis hat. Wer sich im Rahmen des deutschen Grundgesetzes bewegt und für seine Bürgerrechte eintritt, der kann einen Platz gerade in der Bundesrepublik für sich einfordern.

***

PRAKTISCHER TIPP: BERUFE MIT SCHWEIGEPFLICHT

Sich über einen längeren Zeitraum nicht austauschen zu können, ist für Familienmenschen, die Kommunikation gewohnt sind, wirklich schwierig. Wer lieber vorsichtig ist und sich auch Freunden in dieser neuralgischen Situation nicht anvertrauen möchte –und die Vorsicht ist nicht ganz unberechtigt, denn beim Thema „Schulpflichtverletzung" wird man häufig eine erstaunliche und unsachliche Intoleranz erleben -, wer also ungern seinen Weg in die Grauzone herumerzählt, der kann sich an diejenigen wenden, die der Schweigepflicht unterliegen. Befreundete Anwälte sind ideal, aber auch Pastoren, mit denen man gut reden kann. Es ist nicht optimal, aber es hilft!

Kapitel 9
INS AUSLAND
IN DER DEBATTE: ARZTBESUCHE
PRAKTISCHE TIPPS: WELCHES AUSLAND?

Rechtlich ist die Situation in Deutschland eindeutig. Alle gerichtlichen Wege wurden leider beschritten und führten zu Urteilen, die vielleicht zum falschen Zeitpunkt und unnötig als unumstößlich formuliert wurden. Homeschooling ist und bleibt legal gesehen unerlaubt. In dieser Grauzone lässt sich nur in etwa schätzen, dass in Deutschland 500 bis 3000 Kinder im schulpflichtigen Alter nicht zur Schule gehen. Die Zahl ist seit Jahren rückläufig, da die Familien vielfach auswandern. Über Jahre des Freilernens hin kennt man dann in vielen Ländern deutsche Familien. Die Auslandsdeutschen sind oft sehr aktiv bei Treffen und im Austausch auf Netzwerken. Ihr Alltag ist meist beneidenswert einfach im Vergleich zu dem in Deutschland Gebliebenen. Offenkundig ist dies bei den Möglichkeiten, die Bildung der Kinder privat zu organisieren. Die Freilerner-Kinder, die im Ausland aufgewachsen sind, haben oft einen enormen Horizont. Die Idee, zur Not auch ins Ausland zu gehen, sollte Sie immer einmal wieder beschäftigen. Es stehen in Deutschland keinerlei Veränderungen an, Sie bleiben potentiell Verfolgte, solange ihre Kinder schulpflichtig sind.

***

IN DER DEBATTE: ARZTBESUCHE

Für junge Eltern steht die Gesundheit des kleinen Kindes im Zentrum. Der Staat hat einiges an Maßnahmen, um dabei zu helfen. Was als große Segnung des Gesundheitswesens begann, ist im Empfinden zahlreicher Eltern zur Gängelei geworden, zur Kontrolle, zu einem nicht mehr am heutigen Verständnis von Kindeswohl gemessenen Eingriff in das Hoheitsgebiet der Eltern. An der Gesundheitspolitik und den Gesundheitsämtern ist diese Entwicklung vollkommen vorbeigegangen. Gerade beim Thema Impfungen ist die Schere besonders auseinander gegangen. Die immer umfassender gewordenen Impfmöglichkeiten werden offiziell von der Stiko, der „Ständigen Impfkommission", empfohlen. Die gilt bei vielen Eltern als unterwandert von den Pharmakonzernen. Die Erwartung, zum Wohle aller impfen zu lassen, stößt in einer aufgesplitterten, modernen Bürgergesellschaft auf Unverständnis, zumal das Wohl aller nicht definiert ist. Das, was diejenigen, die Impfpflicht fordern (mit epidemisch auftauchenden Kinderkrankheiten gehen diese Forderungen einher), möchten, ist nicht einmal sprachlich definiert. Sollten sich staatliche Stellen darauf verständigen, dass Impfen mehr als erwünscht ist, müssten als erstes alle Flyer dazu eingestampft und umformuliert – und verfasst werden von Menschen, die nicht von oben in so etwas Empfindliches wie die körperliche Selbstbestimmung eines Kindes, das die Eltern nach bestem Gewissen behüten, eingreifen wollen.

Kindertagesstätten und Schulen profitieren natürlich von einer hohen Impfrate. Und bei der Einschulung könnte, so lassen sich Politiker ab und an hören, der Staat die Impfung verlangen. Die abgeschwächte Version, die davon übrigbleibt, wenn die Mikrophone weg sind, ist: Mindestens Überzeugungsarbeit leisten. Die Kinderärzte nutzen die von den Krankenkassen erwünschten Untersuchungen, die im gelben Kinderuntersuchungsheft ab der U 1 dokumentiert werden. Auffälligkeiten sollen früh erkannt werden, zugrunde gelegt werden normierte Werte. Für viele Eltern passt das nicht in das von ihnen mit starken Überzeugungen geführte Leben, das von bewusster Ernährung bis sanfter Medizin auf das Wohlergehen der Kinder gerichtet ist. Manche, die sich von der Schule abwenden, tun dies auch als Impfgegner. Um sie zu überzeugen, ist Zwang undenkbar, denn es ist körperlicher Zwang. Es muss also sehr gründlich argumentiert werden.

Wendet man sich dem Alltag von Familien mit mehreren Kindern zu, die jede Maßnahme geballt abbekommen, lassen sich rein praktische Gründe ausmachen, warum Staat und Ärzteschaft an den Eltern vorbeireden: Parallel zu den Versprechungen, den Müttern Lasten abzunehmen, damit sie Beruf und Familie besser vereinen können, griff man zeitlich in den vorher frei gestellten Belangen kräftig zu; neben einer steigenden Anzahl von Elternabenden und –stammtischen zählt dazu auch die steigende Anzahl erwünschter Arztbesuche.

Ich weiß leider, wie kompliziert die Realität von Familien bezüglich Kinderarztbesuche ist. Viele gehen nur, wenn das Kind wirklich erkrankt ist oder es sich verletzt hat. Für Freilerner bedeutet es zudem, so wenig Aufmerksamkeit wie möglich zu erregen. Für staatliche Stellen könnte der Bereich „Medizin und Bürger" ein demokratisches Übungsfeld werden. Wie erreiche ich die Ziele ohne Druck? Doch bisher tut sich nichts.

***

PRAKTISCHE TIPPS: WELCHES AUSLAND?

Ein pauschaler Rat für Freilerner ist auch hier nicht möglich – es existiert leider in Europa kaum ein Land, das die Dinge mit Umsicht behandelt. Grundsätzlich ist zu bedenken, dass, wer Europa verlässt, einen größeren Spielraum hat (die größte Einschränkung ist der Verlust des Anspruchs auf deutsches Kindergeld mit Verlassen Europas; alles andere empfinden diejenigen, die den Schritt gewagt haben, als Gewinn). Außereuropäisch zieht es deutsche Freilerner in jedes erdenkliche Land; Kontakte untereinander herzustellen, funktioniert am einfachsten in den USA und Kanada. In Europa bietet sich als erstes Österreich an. Dort ist Homeschooling unter Auflagen erlaubt. Zu jedem Schuljahresende müssen Prüfungen abgelegt werden, an deren Ergebnis dann abgelesen wird, ob das Kind die Lernziele auch zuhause erreicht oder zur Schule gehen muss. Je länger und unabhängiger Familien die Bildung bestimmen, desto unwahrscheinlicher wird es, die Prüfungen zu bestehen. Homeschooling halten nur wenige in Österreich durch, und sehr viele deutsche Familien verlassen das Land wieder.

Das Beispiel Österreich zeigt, dass die Erlaubnis, nicht in der Schule zu lernen, nur einen Wert hat, wenn darüber ausführlich öffentlich debattiert und anschließend ein deutlich bekundeter Wille zum Freilernen formuliert wird. Anderenfalls werden die Rechte in der Praxis Schritt für Schritt wieder beschnitten. Österreich ist damit kein Vorbild für Deutschland. Bisher eine noch recht gute Situation finden Homeschooler in den Niederlanden vor. Dort beantragt man zu jedem Schuljahr eine begründete Freistellung von der Schule. Sobald diese vorliegt, können die Kinder sich vollkommen sorglos und frei bewegen. Bildungsmäßig gibt es in den Niederlanden ein lebendiges Netz an Angeboten, die für Homeschooler wie gemacht sind.

In der Schweiz erlauben einige Kantone, die Kinder daheim zu unterrichten. Die Schweiz ist daher ein schönes Übungsfeld für Lehrbücher zum Selbstlernen; einige Verlage tummeln sich in diesem Gebiet und bringen Innovatives auf den Markt. Die Möglichkeit, in die Schweiz zu ziehen, eröffnet sich indes nur manchem. Zu bedenken ist, dass die Schweiz nicht in der EU ist. Daraus entstehen Nachteile, die sich auch bei Großbritannien -lange das Mekka für deutsche Schulflüchtlinge- auftun. Italien ist mit dem deutschsprachigen Südtirol ein Anziehungspunkt für deutsche Familien. Dort ist unter Auflagen und mit regelmäßigen Tests Homeschooling genehmigungsfähig. Ein Ziel von deutschen Freilerner-Familien ist Dänemark und da vor allem das zweisprachige Grenzgebiet. In der dänischen Verfassung ist die Bildungsverpflichtung festgehalten, aber offen gelassen, wie ihr nachzukommen ist. Hausunterricht ist möglich. Über Jahre war auch Frankreich, schon wegen des deutschsprachigen Elsass, ein Ziel, und noch immer trifft man dort auf viele deutsche Freilerner. Die Auflagen des französischen Staates sind aber ständig gestiegen, so dass das Nachbarland keine gute Option mehr ist. Das belgische Grenzgebiet wird von vielen Familien erwogen; in Belgien ist Homeschooling traditionell in der Gesellschaft verankert. Leicht ist das Leben für schulfreie Bildung in Finnland; doch für diejenigen, die Deutschland an sich gar nicht verlassen möchten, ist das Land im hohen Norden gar zu fern. So gibt es dort kein nennenswertes Netz deutscher Freilerner.

Wenn man als Maßstab Gruppen nimmt, die sich im Ausland bilden, ist noch Spanien zu nennen. Dort ist zwar offiziell Homeschooling nur in Ausnahmefällen erlaubt (zum Beispiel auch bei Vielreisenden), aber an mehreren Orten gerade in Südspanien begegnet man sehr vielen deutschen Familien ohne schulbesuchende Kinder.

Übrigens können Deutsche nur um zwei weitere Staaten in Europa einen großen Bogen machen, in denen es genauso erstarrt ist wie in ihrer Heimat: Bulgarien und Malta.

Kapitel 10

MITTENDRIN TROTZ AUSSEN VOR: SOZIALE
KOMPETENZ DER FREILERNER
*IN DER DEBATTE: POLITISCHE PARTEIEN UND DIE
BILDUNGSFREIHEIT
AUSBLICK: FREUDE AM LERNEN*

Es ist eine der Kapriolen, die die Vorwürfe gegen
Freilernern treffen, dass ihnen nicht nur vorge-
worfen wird, sie gingen den komplett falschen Weg, mit
dem man nichts zu tun haben will – sondern auch, dass
ihnen vorgeworfen wird, ihren falschen Weg nicht im
System zu gehen. Der Anwurf, sich einfach aus dem
Staub zu machen, ist aber auch besonders absurd, da
Staat und Behörden die Familien herausdrängen – eine
liberalere Umgangsweise mit der Frage „Schulpflicht-
tverletzung" würde sehr viele (allein Unmengen an
Schulschwänzern) an den Runden Tisch holen. Die
Freilerner sind ja eben darum in die Ecke gedrängt,
weil sie nicht vor dem Drohpotential, einem Leben
unter Mühen und unter Strafandrohung, nicht zurück-
weichen, weil Kindheit und Zukunftschancen eine
riesige, alles aufwiegende Motivation darstellen. Zur offenen Debatte können sie nur gerufen werden, wenn sie
auf Augenhöhe mitreden dürfen.

Was aber könnte daran sinnvoll sein, mit Freilernern offen und tolerant zu diskutieren? Das Schulsystem ist aus Sicht der Freilerner nicht reformierbar, alle neueren Entwicklungen weisen sogar in völlig falsche Richtungen. Experimentierfreudig sind die Homeschooler bei Lern- und Lehrmethoden. Da gibt es zahlreiche ganz neue und verheißungsvolle Ansätze. Zum einen wird das Internet von jugendlichen Freilernern über einschlägige Angebote und Plattformen sinnvoll genutzt, zum anderen sind Lernwerkstätten und Treffen zur Bündelung innovativer Bildungsideen lebendige Experimentierfelder. Und auf welche Arten zuhause, für sich allein gelernt wird, böte der Bildungsforschung spannende Ansätze. Leider eben fehlt in Deutschland jede Beachtung, auch bezüglich objektiver Studien.

Die Freilerner-Kinder sind fast ausnahmslos beliebte Spielkameraden. Gerade tolerante Eltern von Grundschülern, deren Kinder psychisch unter der schulischen Situation leiden, fördern die Freundschaft zu Freilernern. Nachfragen ergeben unisono, dass der Einfluss als positiv empfunden wird. Mit Kindern, für die das Thema Schule keine Rolle spielt, bilden sich ebenfalls enge Beziehungen- weil sich die Kinder, egal ob mit oder ohne Schulbesuch, kaum unterscheiden. Das hören weder die Homeschooler- noch die Schulpflicht-Hardliner gern. Doch die praktische Erfahrung lehrt, dass sich im sozialen Umgang gar keine großen Gräben auftun. Während der Pubertät ist es für viele Schüler erholsam, sich bisweilen mit Freilernern zu treffen, die sie nicht dem Markendruck aussetzen. Sie können dann zwischenzeitlich etwas besser zu sich finden. Ein Nebenaspekt ist die Buntheit des sozialen Umfelds. Freilerner haben Bekanntschaften und Freundschaften quer durch die Gesellschaft, da sie nicht ausgewählte Milieus in den Schulen antreffen. Beruf und Bildungsstand der Eltern der Freunde sind nicht vorab festgelegt; es ist oft jede Gesellschaftsschicht vertreten.

In Ausbildung und Studium bewähren sich die Lernmethoden sehr. Eigeninitiative und Verantwortungsbewusstsein werden von den Lehrherren geschätzt und wirken sich im Studienerfolg aus. Junge Erwachsene, die als Freilerner aufgewachsen sind, haben zwar Freunde von früher aus der Freilerner-Szene, die wie bei den anderen die klassischen Schulfreunde sind, aber eine Vielzahl unterscheidet später überhaupt nicht, welchen Bildungsweg jemand gegangen ist. Der Freundeskreis baut sich genauso auf wie bei allen. Freilerner haben selten Probleme, Kontakte zu knüpfen oder in enge Beziehungen zu treten – oder zumindest nicht häufiger als bei ehemaligen Schulbesuchern. Die meisten jungen Erwachsenen, die aus Freilerner-Familien stammen, sind politisch wach. Sie sind sich wie kaum andere bewusst, welchen Einfluss die Missachtung von Bürgerrechten auf das Leben haben kann. Viele sind in politischen Belangen, auch vollkommen anderen als Bildung, engagiert.

Der Alltag ist oft von zwei Wirklichkeiten – der gelebten und der vorgespiegelten - geprägt. Hat man alles hinter sich, sind es geradezu kollektive Erfahrungen, wie man den Tipp, der zum Running Gag in der Szene geworden ist, gefolgt ist: „Müsst Ihr auf Ämter, verkleidet Euch auf Mitte!" Die herangewachsenen Freilerner schätzen häufig gerade wegen der zwei Wirklichkeiten Partnerschaft und Familie als Bollwerk nach außen hoch.

Ein umfassendes Problemfeld ist die Beziehung zu den Eltern. Dadurch, dass Jugendliche in bestimmten Phasen, in denen sich viele in Lehrerhass ergehen, nur die Eltern haben, ist es nicht immer eine konfliktfreie Beziehung. Leider erfüllen sich da manche elterliche Träume nicht – auch hier ganz normal wie bei allen! (Einzig aus Unschooler-Kreisen lässt sich anderes vernehmen.)

Hilfreich können Trainer, Musiklehrer, Kunstpädagogen etc. sein, die die Kinder unterrichten. Bei Didaktikern außerhalb des Schulsystems stößt man oft auf eine positive Resonanz, weil sie schnell merken, wie viel aufnahmebereiter die Freilerner-Kinder sind. Hier machen alle Freilerner-Familien sehr gute Erfahrungen, und viele kommen mit einer stabilen Säule an Fähigkeiten und Hobbys, die ihnen andere Menschen als die Eltern vermittelt haben, aus ihren Kindheiten.

Dass selbstbestimmt Ziele erreicht werden müssen, dass der Tagesablauf in Eigenverantwortung abläuft, trägt in der Zukunft zu Lebenstüchtigkeit bei. Die für viele sehr bekannte Diskussion darüber, ob Freilerner je gute Angestellte werden können, ist noch nicht abschließend zu klären. Es könnte etwas Wahres dran sein, dies zu bezweifeln. Doch dazu kann man keine informellen Erfahrungen zitieren. Studien gibt es natürlich auch zu diesem Thema nicht.

In der Debatte: Die politischen Parteien und die Bildungsfreiheit

Bildung wird seit Jahren im Munde aller politischen Parteien geführt. Das geht so unbeschadet vonstatten, weil – auch wenn das überrascht – es erstaunlich wenig Leute interessiert. Viele Menschen sind nicht Eltern oder, schulisch gesehen, nur eine Zeitlang. Ihnen ist egal, was Bildungspolitik aktuell liefert. Das Thema eignet sich für Schlagworte genauso gut wie für den Beweis der politischen Handlungsfähigkeit. So genau lässt sich nichts bemessen, die Konsequenzen werden nicht kurzfristig und meist nicht während einer Legislaturperiode sichtbar, und alle dennoch offensichtlich auftauchenden Fehler können erst an die Bürokratie und zu guter Letzt an die Eltern heruntergereicht werden.

Ganz am Ende ist das nur folgerichtig: Die Eltern stehen schließlich mit den zerstörten Bildungskarrieren ihrer Kinder allein da. Sie werden für das Scheitern eiskalt verantwortlich gemacht, und sie müssen –oft sehr spät, manchmal zu spät- nach Lösungen suchen. Wenn das Scheitern stark verwurzelt in der Schullaufbahn ist, müssen die Familien es tatsächlich den Rest eines ganzen Lebens ertragen. Kein politisches Programm, keine Partei ist dann mehr anwesend.

Das Kind, das sich gut entwickelt und einen Beruf nach seinen Begabungen ergreifen kann, ist ein derart für Versprechungen anfälliges Ziel, so dass es sich für Eltern lohnt, bei Politikern genau zuzuhören.

Das konservative Familienbild sieht die Eltern im Zentrum, daher ist Homeschooling dort nicht von vornherein ein Unwort. Auf die Agenda einer bürgerlichen Partei kann es jedoch nicht kommen, da die Sorge, dass alternative Chaoten dann einfach machen, was sie wollen, zu groß ist. Lehrplan-Curricula einzuhalten, ist wichtiger, als den Müttern real die Rolle zu geben, für die die Traditionalisten sie bei Sonntagsreden gern feiern. Die parteinah engagierten Christen weiß man als Homeschooler auf keinen Fall an seiner Seite; sie haben ihre konfessionellen Schulen im Schulterschluss mit dem Staat zu betreiben. Die Sozialdemokratie hat kein Ohr für extrem individualisiertes Bildungsverhalten; für sie ist es eine Fehlentwicklung, wenn Kinder die öffentlichen Schulen verlassen. Großzügig wird ignoriert, dass begüterte Eltern auf Privatschulen ausweichen können, ärmere hingegen, die durchaus die Klientel der Sozialdemokratie sind, zum Homeschooling als dem Internat der kleinen Leute greifen. Die Liberalen haben ihre Vorstellungen von Differenzierung des Bildungssystems durchsetzen können; Vielfalt der Privatschulen und Steuerung durch private Finanzmittel sind auf gutem Weg. So lange Homeschooling noch nicht als florierender Wirtschaftszweig erkannt ist –was er durchaus sein könnte-, werden wirtschaftsliberale Politiker niemanden aus den Klauen des Staates befreien wollen. Bleiben die Grünen: Dort ist das Thema immer noch nicht angekommen oder durchdacht worden, es scheint zum Profilieren zu viel Mut zu verlangen. Dabei sind die Homeschooler-Eltern überdurchschnittlich oft an

Ökologie interessiert. Eher unsystematisch sind aber Kultusministerien, in den Grüne sitzen, dem Freilernen etwas aufgeschlossener gegenüber.

Die reaktionären Rechtsaußenableger haben das Thema Homeschooling am Rande im Programm. Es zeigt sehr schön, wie falsch die Debatten in Deutschland, dass man den Rechten nicht Themen überlassen sollte, verlaufen. Rechte entdecken nicht Themen, kommen nicht selber auf vorgebliche Leerräume. Die Themen hingegen sind seit Entstehen der Bundesrepublik lebendig und werden aufgegriffen. Selbst der so aufgeladene Begriff wie Heimat wird in allen Zirkeln seit Jahrzehnten diskutiert. Es ist Unsinn, nun Leerräume zu sehen, die nie da waren. Das Ziel der Rechten wäre damit erreicht: Nicht zu bestimmen, worüber geredet wird, sondern wie über etwas geredet wird. Denkvorgaben, Radikalität, Demagogie, schließlich Sprachduktus – das alles soll ins rechte Fahrwasser geschoben werden. Manche meiner Themen überschneiden sich mit denen der Rechten. Ich hatte sie schon vorher und werde sie auch hinterher haben. Meine Meinungsbildung jedoch ist diametral den Rechten entgegengesetzt – und auch, wie ich meine Anschauungen den Andersdenkenden gegenüber formuliere.

Damit ist das Grundsätzliche zur politischen Diskussion zum Thema „Homeschooling" und Rechtsaußen gesagt. Staatsfeindlichkeit, kein Rechtsverständnis, Intoleranz, Ausländerfeindlichkeit, Fremdenhass – mit dieser Negativauslese gerät, wie viele der rechtsradikalen Standpunkte, ein Thema in deren Visier. Punkt für Punkt und in einem toleranten, demokratischen Diskussionsstil können diese Ansätze widerlegt werden. Kein Problem für Freilerner, die sich seit Jahrzehnten damit beschäftigen.

Falls es zu Debatten mit Rechten kommt (ich hatte mehrfach das Vergnügen), ist es nur wichtig, nicht darauf hereinzufallen, dass man dasselbe will. Der Weg dorthin ist genauso wenig gleichgültig wie das Ergebnis: So wie die Abschaffung der GEZ-Gebühren nach den Spielregeln der Rechtsradikalen nicht zu Pressefreiheit führt, führt die Abschaffung der Schulpflicht nach den Spielregeln der Rechtsradikalen auch nicht zu Bildungsfreiheit.

***

AUSBLICK: FREUDE AM LERNEN

Darum müsste sich alles drehen: Wie man Freude am Lernen bekommt. Freilerner-Familien sind damit täglich betraut und können nach Jahren dazu einiges beitragen. Zwei Hürden verhindern, dass dazu wirklich brauchbare Tipps gegeben werden können: Lernen ist derart individuell, dass die Freude daran bei jedem an ganz anderer Stelle einsetzt. Und die Fächer, die Bereiche, in denen man Wissen ansammeln will, lassen keine generellen Hinweise zu. Viele Fächer werden erst spannend, wenn man sich schon durch sehr viele Lernstunden gequält hat, andere machen es einfacher und sind sofort interessant. Wenn Lernende und das zu Lernende nicht über einen Kamm zu scheren sind, ist es auch das Lerntempo nicht – und genau an diesem praktischen Punkt zeigt das Freilernen seine große Stärke. Wer zuhause lernt, kann manches viel zügiger erledigen und sich bei manchem viel mehr Zeit lassen als in einer Schulklasse. Darum kann beim Homeschooling so viel Spaß entwickelt werden!

Beim Lernort sind diejenigen, die sich vom Schulgebäude verabschiedet haben, besonders erfinderisch und flexibel. Wald, Wiese, Werkstatt – alles ist möglich. Die Erfolge, die erzielt werden, sind übrigens oft überragend. Gerade für Kinder, die wegen ihrer angeblichen Einschränkungen in den Schulen nicht mitkamen, profitieren enorm von auf sie zugeschnittenen Lernideen.

Die Freude am Lernen wächst mit der Zeit, die man sich dem Freilernen widmet. Auf längere Sicht ist sie einer der schönsten Hauptgründe für den mühseligen Weg raus aus der Schulpflicht.

NACHWORT

Beim Verfassen dieses Buches haben mich viele Gefühle begleitet. In einer Zeit, in der bezüglich Bildung niemand auf Nuancen hört, musste ich oft erst die Debatten vergessen, in denen ignorant-ideologische Standpunkte kein Nachdenken erlauben. Da das juristische Recht auf der Seite der anderen ist und sich keine Modernisierung der deutschen Schulpflicht abzeichnet, musste ich aus der schwächeren Position heraus argumentieren und dennoch auch mir verdeutlichen, dass ich nicht zu einer verwirrten Minderheit gehöre. Auch ich darf das Grundgesetz, auf dessen Boden ich mich bewege, zitieren und auslegen. Wie viel Unterdrückung sich ein demokratischer Staat erlauben darf, diese Frage schwebte beim Recherchieren für dieses Buch mit.

Sie sind am Anfang eines langen harten Weges, sagte mir zu Beginn ein altgedienter bundesrepublikanischer Freilerner. Heute möchte ich ergänzen: Es lohnt sich, diesen Weg zu gehen. Diese Feststellung ist viel wert, denn freiwillig habe ich ihn nicht eingeschlagen; ich musste. Gezwungen vom Bildungssystem, gezwungen von meinem Antrieb, meinen Kindern eine schöne Kindheit zu bieten. Dass sie mittlerweile junge Erwachsene mit einem guten, wenn auch uneinheitlichen Bildungsstand sind, ist ein gutes Ergebnis angesichts des kalten Wassers, in das wir geworfen worden sind. Wie viel Chaos wir aushalten mussten!

Während ich dieses Buch geschrieben habe, habe ich mit vielen Familien gesprochen. Und bei aller Ordnung, die ich hier versucht habe, in dieses Thema zu bringen, haben mir die Betroffenen viel von eben jenem Chaos berichtet. Nichts von dem, was in den Kapiteln in diesem Buch steht, trifft auf sie zu. Alles kommt dauernd anders. Sie leben teilweise von Tag zu Tag, immer nur bis zum nächsten Schritt, immer nur reagieren. Der Durchhaltewillen wird von alternativen Schulen begleitet, die Fehlzeiten akzeptieren – jedenfalls eine Zeitlang. Viele Familien zählen zwischenzeitlich die Jahre herunter, die sie noch in Konstrukten existieren müssen. Unsicherheit, ein einziges Durcheinander – ein Bürgerleben in Deutschland.

Natürlich kann Chaos auch Spaß machen. Jedenfalls sollte man sich nicht von vornherein den Schneid abkaufen lassen, von einer Schulbürokratie, bei der die rechte Hand meist auch nicht weiß, was die linke tut.

Dieses Buch sollte Ihnen ein realistisches Bild vom Homeschooling in Deutschland geben, ein Bericht aus einem ganz und gar unidealisierten Alltag. Beim Schreiben wurde mir deutlich, dass es keine Einladung ist – viele Leser werden sich dagegen entscheiden und hoffentlich umso motivierter in den Schulen Veränderungen durchsetzen. Für die, die sich für das Freilernen entscheiden, hoffe ich, dass dieses Buch sie ermutigt, es voller Energie anzugehen!

AUSGEWÄHLTE ADRESSEN:

KONTAKTE:

Die Vernetzung von Freilerner-Familien leidet einerseits sehr unter der notwendigen Geheimhaltung und andererseits unter der Vielfalt der Freilerner-Familien. Dennoch gibt es gute Webseiten, über die man Termine erfahren und Kontakte knüpfen kann. Sehr empfehlenswert ist schulfrei-community.de. Die Webseite des Bundesverband Natürlich Lernen, einem Verein, bei dem man auch Mitglied werden kann, versammelt ebenfalls interessante Hinweise (bvnl.de). Dort kann man sich auch über die Freilerner-Solidargemeinschaft informieren. Eine umfangreiche Auflistung von Links findet sich auf der Webseite netzwerk-bildungsfreiheit. de.

Die „Schulfrei"-Festivals, die jährlich und meist im Sommer stattfinden, bieten eine gute Gelegenheit, andere Freilerner kennenzulernen und in einer lockeren Atmosphäre neue Motivation zu bekommen. In der Schweiz und in Österreich ist die Vernetzung einfacher; von dort finden sich einige Webseiten. Als Schlagworte für das Internet eignen sich neben Homeschooling und Freilernen noch Unschooling und Radical Unschooling.

Ein häufig mit rechtlichen Auseinandersetzungen betrauter Anwalt ist Dr. Andreas Vogt aus Eschwege (seine Kontaktdaten: Niederhoner Str. 20, 37269 Eschwege, Tel.: 05651 / 33 50 250 Fax: 05651 / 33 50 251, E-Mail: kanzlei @ vogt-recht.de

SCHULABSCHLÜSSE:

Viele möchten trotz (oder wegen) Freilernens Schulabschlüsse machen. Zur Vorbereitung auf externe Schulabschlüsse für Schulfremde kann man bei „kernbildung.de" Grundlegendes erfahren. Wer staatlich organisiert in der Fern-Grundschule lernen möchte, kann sich dem deutschen Auslandsschulwesen und der Deutschen Fernschule in Wetzlar anvertrauen – allerdings kann man dort nicht als in Deutschland lebender Homeschooler angemeldet sein. Wer einen Haupt- oder Realschulabschluss machen möchte, hat nach dem 16. Lebensjahr viele Möglichkeiten. Je nach Wohnort finden Sie dazu Links, wenn Sie nach „Schulfremdenprüfung" suchen. Richtung Abitur können Sie als Fernschüler gehen, wenn Sie einen Realschulabschluss haben. Dann ist es möglich, sich bei ils (Hamburg) oder sgd (Darmstadt) anzumelden. Einen Highschool-Abschluss kann man in deutscher Sprache bei Clonlara erwerben. Er ist in den USA anerkannt (Clonlara-Schüler werden an amerikanischen Universitäten gern genommen, weil sie als kompetent gelten).

LITERATUR

RATGEBER / ERFAHRUNGSBERICHTE:

Es gibt mehrere Bücher für Freilerner. Wer als Teenager aus der Schule aussteigt, für den ist „Das Teenager-Befreiungshandbuch. Glücklich und erfolgreich ohne Schule" von Grace Llewellyn eine gewinnbringende Lektüre. In „…und ich war nie in der Schule. Geschichte eines glücklichen Kindes" von Andre Stern wird der Leser sehr ermuntert, es ohne Schule zu wagen. Das Verlagsprogramm des tologo-Verlages ist unter anderem auf Freilerner spezialisiert. Dort erscheint auch das einschlägige Magazin „unerzogen".

ZU JURISTISCHEN FRAGEN:

In dem Büchlein „Schulpflicht, Rechtspraxis, Sozialpädiatrie. Oder: Warum es legal ist, zu Hause zu lernen" von Margarete Gebhardt wird das Thema allgemeinverständlich dargelegt. Darin findet sich auch eine ausführliche Besprechung der Dissertation „Die Schulpflicht vor dem Grundgesetz: Geschichte der Schulpflicht und ihre verfassungsrechtliche Bewertung vor dem Hintergrund des sogenannten Homeschooling" von Tobias Handschell. Um sich mit der Frage, ob das rigorose Verbot überhaupt verfassungsrechtlich abgefedert ist (und der Erkenntnis, dass es dies nicht ist), zu beschäftigen, dient „Homeschooling. Eine verfassungsrechtliche Untersuchung des Rechts der Eltern, ihre Kinder zuhause zu unterrichten" von Julian von Lucius.

BILDUNG JENSEITS DER SCHULE:
Es gibt unzählige Angebote für alle Fächer, die man über das Internet herausfinden kann. Viel genutzt sind die Informationen auf der der Webseite der Aga Khan University (aku.edu) Etwas komplizierter - weil völlig ungewöhnlich- ist es, Onlineangebote für Altsprachler zu finden. Dort empfiehlt sich das Institut für Antike Sprachen und deren Onlinekurse (antike-sprachen.de).

Zum Erlernen von Rechnen, Schreiben und Lesen eignen sich die Bücher von Rolf Robischon. Als Basis des Lernens gerade bei (ehemaligen) Grundschülern hat sich „Training der Wahrnehmung und Konzentration" von Margarete Gebhardt bewährt. Spannende Themen in Selbstlernheften für Zuhause (Zielgruppe: 7- bis 12-Jährige), anders aufgebaut und ausgewählt als beim Schulstoff, gibt es in der „Entdecke..."-Reihe aus dem Autumnus Verlag.

ZUM FREILERNEN IN ALLER WELT:
Der Film „Being and Becoming", der als DVD zu haben ist, erzählt von zahlreichen Freilerner-Familien rund um die westliche Welt. Dort werden auch deutsche Familien porträtiert.